KIỀU

Les amours malheureuses
d'une jeune vietnamienne au XVIIIe siècle

Édition originale : The GIOI, Hanoi, 1994

ISBN : 2-7475-7570-5

NGUYÊN DU

KIỀU

Les amours malheureuses d'une jeune vietnamienne au XVIIIe siècle

Ttraduit du vietnamien par

NGUYEN KHAC VIEN

L'Harmattan
5-7, rue de l'École Polytechnique
75005 Paris - FRANCE

L'Harmattan Inc.
55, rue Saint-Jacques
Montréal (Qc) - CANADA H2Y 1K9

Réédité pour la 4e fois à l'occasion du 230e anniversaire de la naissance de Nguyễn Du (1765-1995)

NGUYỄN DU

(1765 - 1820)

NGUYỄN DU *naquit en 1765, dans une famille mandarinale dont de nombreux membres avaient exercé de hautes fonctions à la Cour des Lê. Lui-même reçu aux concours des lettrés avait occupé un poste modeste de mandarin militaire jusqu'à l'effondrement de la monarchie Lê, balayée dans le dernier quart du 18e siècle en même temps que les familles seigneuriales des Trịnh au Nord, des Nguyễn au Sud par le grand mouvement populaire des*

Tây Sơn. Réfugié en province il tenta d'organiser un mouvement d'opposition au Tây Sơn en vue de restaurer la dynastie des Lê. L'échec de cette tentative l'avait amené à se retirer de longues années dans son village natal Tiên Điền, province de Hà Tĩnh. La famille seigneuriale des Nguyễn après avoir vaincu les Tây Sơn, fonda une dynastie impériale avec comme premier empereur Gia Long (1802). Gia Long cherchant à rallier les anciens sujets des Lê offrit à Nguyễn Du de reprendre la carrière mandarinale. Après avoir décliné plusieurs fois cette offre il avait fini par accepter de servir la nouvelle dynastie. En 1813 il fut chargé de conduire une ambassade en Chine. Mourut 1820.

Connu principalement comme auteur du Kiều, *Nguyễn Du avait laissé en outre de nombreux autres poèmes en particulier "l'Appel aux âmes errantes" et de nombreux poèmes en chinois classique.*

PRÉSENTATION DU KIỀU POUR LA PREMIÈRE ÉDITION

Un sampan lourdement chargé glisse sur une rivière toute miroitante sous un clair de lune limpide. Par delà les berges, on devine la masse sombre des villages endormis derrière leur haie de bambous. Soudain, au milieu du silence de la nuit, s'élève une mélopée trainante, scandée par les rames qui battent l'eau :

Elle évoquait
Par son regard les reflets des lacs en automne
Par ses sourcils la parure des bois au printemps
Les fleurs en pâlissaient de jalousie
Le saule pleurait de n'avoir son élégance

C'est la sampanière qui chante la beauté de Kiều dont les amours malheureuses n'ont jamais cessé d'émouvoir le cœur des femmes du Vietnam.

La récolte d'arec bat son plein. A la clarté d'une lampe suspendue à une poutre, toute la famille est là à éplucher les noix, à les découper en tranches qu'on fera sécher. La nuit s'avance, peu à peu les conversations tombent et on n'entend plus que le crissement des couteaux sur l'écorce des noix. Quelqu'un lance : Ông Châu, récitez nous quelque chose ! Ông Châu se fait prier, mais on voit sa barbiche frétiller de plaisir, il toussote pour clarifier sa voix, puis le chant s'élève au milieu du recueillement général.

Comme l'on fendait un bambou, faisait choir les tuiles d'un toit

Il écrasait ses ennemis, volant de victoire en victoire

Le renom de sa puissance montait, en un grondement de tonnerre

Coupant l'Empire en deux, s'appropriant un coin de ciel

Il instaurait sa Cour, avec pouvoir civil et militaire

L'ouragan se déchaînait; marches et préfectures

Tombaient sous son épée qu'il aiguisait dans le vent et la poussière

Tout le monde a reconnu Từ Hải, le guerrier magnanime, l'amant digne de la belle Kiều, qui après plus de cent victoires tomba victime de la félonie d'un mandarin perfide.

Une véranda, quelques fleurs, quelques tasses de thé. Des lettrés vieux amis bavardent. L'un d'eux se lève et dit: tenté Honorable compagnie, avec ma gaucherie habituelle, j'ai tenté de faire quelques vers, auriez-vous la bonté de les écouter?

Qui a des larmes pour pleurer les gens de jadis
Et pourtant par delà les siècles les âmes sensibles
Communient dans leur tristesse et comme à Tam Zuong
Leurs sanglots n'ont cessé de se faire écho[1]

Le lettré chante et pleure les malheurs de la belle Kiều, et quel est le lettré vietnamien qui n'a pas une fois au moins, tenté de célébrer par quelques vers tel ou tel personnage du Kiều *ou de déplorer telle ou telle avanie que son héroïne avait dû subir.*

Ainsi était le Kiều *dans le Vietnam d'autrefois. Les hommes du peuple, pourtant illettrés, sampanières et paysans en savaient de longs passages par cœur. Les*

1. De Chu Mạnh Trinh.

lettrés nourris des classiques, esthètes intransigeants aimaient ce poème qui pour eux, avait un peu le goût d'un fruit défendu.

Les uns adoraient la belle Kiều, compatissaient à ses malheurs, estimaient ses vertus, d'autres la fustigeaient pour son immoralité.

Aujourd'hui en République démocratique du Vietnam, une nouvelle société est née sur les ruines de l'ancienne, balayée par un souffle révolutionnaire d'une puissance sans précédent. Une nouvelle et abondante littérature voit le jour, offrant aux paysans et sampanières, qui maintenant savent tous lire, une précieuse nourriture intellectuelle. Au milieu de cette floraison, le Kiều *a gardé sa place, continue à être chanté, aimé, enseigné. Ni la révolution, ni les révolutionnaires ne l'ont relégué au musée des antiquités; par contre on jette un coup d'œil neuf sur cette œuvre considérée comme un des plus beaux joyaux du patrimoine national. Dès 1955, un an après la fin de la première résistance*[1]*, la R.D.V.*[2] *a célébré avec ferveur le 190e anniversaire de la naissance de son*

1. Contre les colonialistes français (1946-1954).
2. Actuellement République socialiste du Vietnam.

auteur Nguyễn Du. A cette occasion, le Nhân Dân, *organe du Parti des Travailleurs du Vietnam*[1] *a écrit le 25 septembre 1955:*

> "En dehors de son humanisme plein de vigeur, la grande valeur du *Kiều* réside encore dans sa poésie, très belle, d'un caractère éminemment national, aérienne dans sa forme, profonde dans sa signification".

Cette année la célébration du 200e anniversaire de Nguyễn Du a débordé le cadre national du Vietnam. Dans de nombreux pays le Kiều *et Nguyễn Du sont maintenant connus et aimés.*

Pour ce 200e anniversaire et pour nos amis dans le monde nous avons tenté après tant d'autres, de traduire le Kiều *dans une langue étrangère.*

Qu'est-ce qui a valu au Kiều *cette large audience, et sa place si particulière dans la littérature vietnamienne ?*

*

> "Les chants des villageois m'ont appris le parler du jute et du mûrier"

avait écrit Nguyễn Du dans un autre poème. Le poète avait en effet vécu de longues années à la campagne, près de ceux qui cultivaient le riz, le jute et le mûrier.

---

1 Actuellement Parti communiste du Vietnam.

La langue du Kiều *s'inscrit dans la plus pure tradition des chansons populaires, dont elle a gardé la souplesse, le caractère réaliste, la richesse en images et en coloris. Ce n'est pas un hasard si des hommes et femmes du peuple en savent par cœur de longs passages, et si certains vers du poème sont devenus de véritables proverbes et dictons d'usage courant.*

Mais le Kiều *n'est pas une œuvre folklorique; il est une grande œuvre littéraire qu'on peut ranger sans hésitation parmi les chefs-d'œuvre de la littérature universelle. Nguyễn Du qui avait assimilé à fond les classiques chinois et vietnamiens a réussi dans le* Kiều *une synthèse harmonieuse du parler populaire et de la langue littéraire classique. Le* Kiều *a marqué une étape importante dans l'histoire de la langue vietnamienne; il a contribué à l'enrichir, à l'assouplir, à lui donner une précision et une concision remarquables. On s'explique pourquoi cette œuvre est restée jusqu'à nos jours le modèle que maints poètes et littérateurs s'évertuent à imiter car on trouve rarement chez un auteur une gamme et une palette si riches, si variées.*

Romantique, Nguyễn Du sait chanter la beauté d'un paysage, exprimer à merveille l'émotion qui étreint un cœur d'amoureux, la tristesse, la mélancolie, le désespoir, la joie triomphale, bref tous les "mouvements lyriques de l'âme, les modulations de la rêverie, les soubresauts de la conscience" (Baudelaire).

Réaliste, il peut en quelques mots, par quelques vers cerner un personnage, rendre un caractère; le mandarin cupide, le trafiquant fourbe et insolent, la tenancière de "pavillon vert", sont démasqués impitoyablement par une langue crue, colorée, acerbe. Tant et si bien que les noms de certains personnages sont passés dans la langue courante, devenant des noms communs; d'un suborneur on dit qu'il est Sở Khanh, comme en français on traite quelqu'un d'Harpagon quand il tient trop à ses sous.

*

Certaines traductions, à force de dragons et de phénix, ont transformé le Kiều *en un conte oriental, d'un exotisme douteux, le dénaturant complètement. Le peuple vietnamien aime le* Kiều *non comme une légende, ni comme un conte, et pas un brin de merveilleux, même pas de romanesque ne s'est glissé dans toute cette œuvre. Ce destin qu'on voit si souvent cité ne prend jamais la forme d'un dieu ou d'un génie qui donne aux moments cruciaux le coup de pouce nécessaire pour faire avancer l'action. Il est plutôt conçu comme une loi nécessaire régissant la ronde universelle des causes et des effets; mieux est, le destin revêt figure humaine, et le lecteur indigné, ému, saisi par la réalité des descriptions, en arrive à l'oublier pour reporter toute sa colère, sa tendresse, son admiration sur des personnages vivants, réels, évoluant dans une société réelle. Il n'y a pas dans le* Kiều *que la musique des vers, les coloris des paysages, la richesse de la langue pour faire vibrer le cœur d'une sampanière, d'un vieux paysan d'autrefois ou pour émouvoir un militant révolutionnaire de notre époque.*

Homme de la fin du 18e siècle qui avait été au Vietnam l'époque des grandes convulsions et des grandes espérances, Nguyễn Du en avait ressenti très profondément les aspirations et les souffrances. La société féodale vietnamienne sombrait alors dans une crise sans fin et sans issue. Erigée depuis plusieurs siècles sur un régime foncier qui écartait la majorité des paysans du droit de propriété, son ordre moral reposait sur une trilogie rigoureuse : fidélité absolue des sujets au monarque, piété filiale primant tous les devoirs, soumission totale de la femme à son époux.

Le Roi, Fils du Ciel, régnait non en vertu d'un consensus général mais par la grâce d'un mandat célestre; l'ordre et la paix, au Ciel comme sur terre dépendait de la "vertu" du souverain dont les bienfaits se répandaient dans tout le pays, telle une douce pluie de printemps. Une bureaucratie de mandarins "pères et mères du peuple", administrait le pays au nom du Roi. Le plus grand honneur auquel pouvait rêver un jeune homme était d'accéder par la voie des concours, à cette carrière mandarinale, couronnement suprême d'une vie d'études. Se rebeller contre le souverain était le crime suprême, car on se révoltait contre la volonté céleste.

L'affection et le respect que tout enfant doit à ses parents étaient portés à l'absolu dans cette idéologie officielle. On ne paiera jamais assez la dette qu'on doit à ses parents, mais plus à son père qu'à sa mère; aucun sacrifice des enfants ne sera assez grand pour remplir tous les devoirs de piété filiale.

La jeune fille n'avait aucun droit quant au choix de l'homme qu'elle épousait : elle restait "assise là où les parents la plaçaient". Fille, elle devait obéir à son père; épouse, elle se soumettait aux volontés de son mari; veuve, elle devait suivre les conseils de son fils aîné.

Codifiée dans toute sa rigueur par le confucianisme, cette idéologie officielle enseignée depuis des siècles constituait l'ossature morale de la société féodale, le moule dans lequel se coulaient les pensées et les actes. Mais voici que le régime était sapé par la base : les paysans se révoltaient sans arrêt et de nombreuses insurrections avaient mis plusieurs fois en danger la capitale. Vers le milieu du 18e siècle Nguyễn Hữu Cầu, un de ces chefs insurrectionnels, avait tenu de longues années toute la région côtière du Nord-Est; il avait inscrit sur son étendard les mots "Défense du peuple", prenait les biens des riches pour les distribuer aux pauvres. Vaillant guerrier, lettré émérite, aimé du peuple, il pouvait lever en quelques mois des troupes nombreuses partout où il passait.

De son côté, le féodalisme se débattait dans le marasme. Le Roi, Fils du Ciel, descendant des Lê, ne régnait plus que pour la forme, relégué dans son palais par la famille seigneuriale des Trịnh qui détenait tous les pouvoirs. La famille royale, le clan seigneurial, les mandarins cultivaient à qui mieux mieux la débauche et les plaisirs des sens; les titres mandarinaux s'achetaient, la concussion faisait rage.

Au Sud, une autre famille seigneuriale, les Nguyễn, s'était taillée un vaste fief autonome et périodiquement, les troupes des Trịnh et des Nguyễn s'affrontaient pour le plus grand malheur du peuple.

Vers la fin du 18e siècle, un mouvement insurrectionnel d'une ampleur sans précédent, les Tây Sơn, conduit par un homme de génie, Nguyễn Huệ, balaya en peu de temps les deux familles seigneuriales du Nord et du Sud, réunifiant le pays. Les féodaux chinois appelés à la rescousse par leurs collègues vietnamiens avaient cru pouvoir profiter de ces bouleversements pour imposer leur domination sur le Vietnam. Nguyễn Huệ battit leurs troupes à plate couture au cours d'une bataille retentissante (1798). Avec les grandes insurrections paysannes, avec l'instauration de la dynastie Tây Sơn, dirigée par ce magnifique héros qu'était Nguyễn Huệ, de grandes espérances étaient nées. La société féodale ébranlée jusque dans ses fondements allait-elle laisser la place à une vie nouvelle ? L'idéologie féodale, après ces décennies de troubles, avait perdu tout prestige.

Cette fidélité au souverain, à qui la devoir maintenant ? Où était l'autorité légitime ? Le "Fils du Ciel", les seigneurs veules, débauchés, faisant appel à l'étranger, ou ces "rebelles" héros issus du peuple, magnanimes, patriotes, libérateurs du peuple et de la patrie ? Que n'avait-on pas à reprocher à ces mandarins "pères et mères du peuple" dont la seule préoccupation était de dépouiller leurs "enfants", de se disputer grades et prébendes à force de courbettes et de flagorneries. Et que d'exactions, d'atrocités commises par ces mandarins à l'encontre des petites gens ?

Cette société féodale en pleine décomposition où d'ailleurs quelques noyaux de capitalisme avaient germé, derrière la mascarade des cérémonies de cour, des audiences mandarinales traînait également toute une suite de trafiquants, de proxénètes, escrocs, suborneurs, hommes de main prêts à toutes les vilenies. On voyait apparaître la toute-puissance de l'argent. A côté du mandarin oppresseur, le marchand entrait en scène. La femme-esclave devint aussi marchandise; écrasée par le féodalisme, elle était bafouée, traînée dans la boue par une société où le capitalisme commençait à germer.

*

Par son œuvre d'un grand réalisme, Nguyễn Du a eu le mérite de démasquer, de dénoncer souvent avec violence ce féodalisme oppresseur, corrompu: pas un madarin dans le Kiều qui fýt sympathique. Toutes les infortunes de Kiều ont pour origine la cupidité d'un mandarin qui n'hésite pas pour un peu d'argent à faire sombrer toute une famille dans le malheur. A pénétrer dans le palais du premier ministre, on ressent un frisson et on étouffe; le plus grand homme de guerre de la Cour pour vaincre l'ennemi, ne sait que recourir à la félonie. Par contre en face, quelle belle figure que ce "rebelle" Từ Hải qui "remuait la terre et les flots, foulant le sol d'un pas fier, n'ayant au-dessus de sa tête que le Ciel étoilé". Il faut savoir à quel point la vénération du souverain, le respect du mandarinat, et en contrepartie l'horreur sacrée vis-à-vis des rebelles étaient ancrés dans l'esprit d'un lettré confucéen pour comprendre toute l'audace de Nguyễn Du. Audace d'autant plus méritoire qu'à l'époque où l'auteur écrivait le Kiều, *la réaction féodale sévissait avec la plus grande férocité. Après une brève période de magnificence, Nguyễn Huệ mourut, les Tây Sơn étaient vaincus par la famille seigneuriale des Nguyễn qui à nouveau imposait au pays le carcan du féodalisme. Il y a sans nul doute dans le portrait de Từ Hải le reflet de ces figures magnifiques, maints traits de ces héros, chefs des insurrections paysannes qui ont illuminé l'histoire du 18e siècle vietnamien. Et en négatif, apparaissent les mandarins cruels, cupides, avec leurs sbires à "tête de buffle, au facièschevalin".*

Le peuple vietnamien ne s'y est guère trompé : dans le Kiều *il avait aimé et aimera toujours ce réquisitoire parfois passionné contre le féodalisme dont il avait tant souffert. L'empereur Tự Đức lisant le* Kiều *avait d'ailleurs annoté en marge du passage sur Từ Hải : "L'auteur mérite bien la bastonnade".*

Voici Kiều, une jeune fille de bonne famille qui une nuit, en l'absence des parents et naturellement à leur insu, fonçait à travers le jardin rejoindre l'homme qu'elle aimait. Quel scandale pour une société confucéenne habituée depuis des siècles au précepte du maître : "Jeunes gens et jeunes filles point ne se fréquenteront !" Et l'auteur loin de fustiger les amants qui avaient osé s'aimer sans la permission des parents consacrait des pages et des pages parmi les plus chaleureuses du poème, à leurs épanchements, leurs tendresses. Cet amour, ce libre choix entre deux jeunes gens, si honni au cours de tant de siècles de féodalisme, avait trouvé en Nguyễn Du son véritable poète. La monarchie des Nguyễn aura beau pendant tout le 19e siècle remettre en honneur les enseignements les plus rétrogrades du confucianisme, rien n'empêchera les jeunes gens et jeunes filles du Vietnam d'aimer la belle et hardie Kiều et son fidèle amant Kim.

Etait également bousculée cette notion sacro-sainte de fidélité qui imposait à une femme de consacrer toute sa vie à un seul homme, fût-il mort: Kiều ballotée par la vie, forcée à se vendre maintes fois, aima passionnément une seconde fois quand elle rencontra un héros digne d'elle. Ce second amour qu'un confucéen orthodoxe aurait voué aux gémonies avait trouvé en Nguyễn Du un ardent défenseur. Le puritanisme confucéen interdisait la moindre allusion à l'amour charnel; l'auteur n'avait pas craint de faire admirer Kiều prenant son bain, dévoilant aux yeux d'un amoureux émerveillé son "corps de jade, blancheur d'ivoire". A Kiều forcée par une société féroce à se prostituer tant de fois, Nguyễn Du réserve toute sa sympathie, faisant justement dire à son fidèle amant qu'elle est restée pure en dépit de toutes ses avanies, que la fidélité en amour doit être conçue dans un sens bien plus humain que selon l'optique des pharisiens. En chantant dans toute sa beauté l'amour de deux jeunes gens fondé sur le libre choix, sans en exclure la composante charnelle, Nguyễn Du avait revendiqué pour la femme des droits complètement bafoués par la société féodale. Dans les soubresauts de ce 18e siècle finissant, l'amour, chose neuve, faisait partie de ces aspirations profondes ressenties plus ou moins clairement par de grandes masses et signe des temps, l'amour de deux jeunes gens beaux et doués devint le thème central de nombreux récits en vers. Un humanisme nouveau se dessinait alors contre le rigorisme inhumain et le ritualisme desséchant du confucianisme. Humanisme qui se faisait accusateur quand l'auteur décrivait avec un réalisme mordant cette société atroce qui avait démoli sans pitié tous les rêves innocents d'une jeune fille en fleur, traîné son corps dans la boue. A cet humanisme, le grand poète qu'était Nguyễn Du avait prêté des accents tantôt tendres, tantôt pathétiques, gravant ainsi dans le cœur de millions d'hommes cette aspiration au bonheur que la société féodale cherchait toujours à étouffer.

On comprend la résonance que peuvent acquérir, la beauté de la langue aidant, tant de passages du Kiều *dans le cœur du peuple vietnamien.*

*

On a évoqué souvent le drame intérieur de Nguyễn Du, mandarin forcé de servir successivement deux dynasties royales, profondément blessé dans sa fidélité première. Les annales rapportent effectivement qu'il était un mandarin peu empressé, plutôt mélancolique, indifférent à la course aux honneurs qui agitait les courtisans parvenus aux plus hauts postes dans le sillage de la nouvelle dynastie. Et de rapprocher la situation personnelle de l'auteur infidèle à son roi de celle de la belle Kiều trahissant son amant, forcée de s'offrir au premier venu. L'on nous dit que dans cette analogie de situations réside la raison profonde de ce ton douloureux, pathétique du Kiều, *l'origine première de sa poésie vibrante, si souvent poignante. C'est réduire considérablement les dimensions de ce drame. Nguyễn Du avait une vaste culture littéraire, musicale et avait appris également l'art militaire; de nombreux poèmes révèlent qu'il avait rêvé de "pacifier le monde, sauver le peuple". Cœur sensible, il ressentait profondément les souffrances du peuple et vibrait à l'unisson des aspirations qui couvaient confusément dans les grandes masses.*

Cependant, à l'encontre du 18e siècle français que couronna une révolution victorieuse, l'époque de Nguyễn Du s'était soldée par un échec. La défaite des Tây Sơn, l'avènement de la dynastie des Nguyễn avaient sonné le glas des grandes espérances soulevées par les insurrections paysannes du 18e siècle. Le Vietnam retomba dans la nuit noire du féodalisme. L'absence d'une bourgeoisie vigoureuse faisait que toutes les tentatives anti-féodales débouchaient dans l'impasse et il faudra attendre encore un siècle et demi avant qu'une révolution nationale et populaire dirigée par la classe ouvrière ne vienne faire sauter définitivement la chape de plomb féodale, libérer les corps et les esprits.

S'il avait été une époque riche d'espérances, le 18e siècle vietnamien ne fut pas un siècle de lumière et rien ne venait éclairer le chemin de ceux qui luttaient comme de ceux qui méditaient sur la condition humaine. Pour Nguyễn Du, l'impasse idéologique était totale. Issu d'une grande famille mandarinale, forgé par l'enseignement confucéen, il ne s'était pas encore libéré de toutes ces entraves et ne pouvait rêver au milieu de tous les bouleversements de son époque, que d'un retour à la légitimité avec un monarque éclairé, dont les "vertus" sauveraient le pays et le peuple. Il s'était opposé à ce grand mouvement populaire et national qu'étaient les Tây Sơn sans en comprendre ni la portée, ni la signification; il prenait le parti des féodaux qui avaient appelé des troupes étrangères à la rescousse pour sauver leurs privilèges.

Néanmoins il n'était pas si aveugle pour ignoner la veulerie des princes dits légitimes de l'ancienne dynastie Lê, et ne pas voir que le nouveau monarque Gia Long qu'il devait servir de longues années s'appliquait à restaurer le féodalisme dans ses formes les plus rétrogrades. Le drame de Nguyễn Du avait été celui d'une époque secouée de violentes convulsions mais sans perspectives; c'est le drame d'un homme dont les idées entraient en contradiction avec les aspirations de son cœur. Contradiction dramatique parce qu'insoluble.

L'artiste communie profondément avec les souffrances du peuple, dénonce avec vigueur, accuse avec éloquence, fustige avec mordant mais le penseur se débat dans des méditations sans issue sur la destinée de l'homme. Le confucianisme n'offrait plus une explication suffisante à tant de misères et d'injustices. Il fallait bien se rabattre sur la thèse bouddhique du Karma qui veut que l'homme traîne avec lui tout le bilan actif et passif de multiples existences successives, qu'il a à payer les dettes de ses vies antérieures, comme se répercuteront dans une vie future tous les actes de sa vie présente. Voilà pourquoi Kiều si belle, parée de tant de dons et de vertus, n'avait connu que des malheurs sans fin. Tout au long de l'œuvre, court cette contradiction souvent poignante entre la sensibilité d'un artiste dont le cœur vibre profondément avec toutes les réalités humaines, sociales et la stérile méditation d'un métaphysicien obnubilé par les notions de Karma et de destin. Un compromis finit par s'instaurer et dans la ronde impitoyable de l'actif et du passif des existences successives, l'auteur a introduit le cœur de l'homme afin d'atténuer la rigueur inhumaine de cette loi du Karma.

Il s'agit en définitive d'une philosophie de la résignation. Kiều cherchait à se débattre, mais elle partait battue, sa volonté annihilée dès le départ par une conscience aiguë de la fragilité de son destin. Elle se sentait accablée par tous les dons qu'elle avait reçus, et ses tentatives de révolte ne pouvaient avoir de suites. Ecrasée par une société inhumaine, elle croyait simplement payer les fautes commises au cours des existences antérieures, désarmée d'avance devant la malice et la méchanceté de ceux qui la dupaient et trahissaient. Sur Kiều comme sur toutes les femmes l'étouffoir de la société féodale se referme sans espoir de libération. La cruauté d'une société transfigurée, devenant destin et Karma, s'avère sans remède.

Définir l'impasse de Nguyễn Du, c'est également marquer ses limites. Limites non seulement de son humanisme, inconscient des réalités historiques, encore empêtré dans des notions religieuses, ou des conceptions féodales, mais limites aussi de son art. Certes, le Kiều *dans ses qualités littéraires montre une variété et souvent une perfection incomparables, mais il reste maintes cordes du cœur humain que Nguyễn Du n'a pas su faire vibrer comme d'autres auteurs. L'indignation se termine souvent en lamentations, et la bonté des meilleurs personnages, estompée par une résignation à peine voilée, n'atteint ni la vigueur ni la profondeur de celle qu'on trouve chez tant de gens du peuple, Les traits magnifiques de Từ Hải ne sauraient pourtant le camper à la hauteur des grands personnages historiques de l'époque de l'auteur, Nguyễn Hữu Cầu, Nguyễn Huệ. Il y a certainement exagération à affirmer comme certains le font que le* Kiều *à lui seul synthétise toute l'âme vietnamienne, et qu'il restera à jamais le monument inégalé de la littérature vietnamienne. L'homme et l'œuvre sont assez grands pour qu'on puisse les aimer sans les parer de vaines boursouflures.*

Hanoi - 1965
NGUYỄN KHẮC VIỆN

QUELQUES CONSIDÉRATIONS SUR L'ART DE TRADUIRE

Nous avons essayé dans notre présentation de cernerquelques problèmes de fond concernant le Kiều*; il nous faut maintenant aborder ceux posés par sa traduction.*

Le Kiều *qui est un poème, un grand poème appelle une traduction poétique, exige d'être retranscrit en poésie. Si la poésie ne se confond pas nécessairement avec des vers rimés, le langage poétique, par l'emploi des images, le rythme, la musicalité, fait d'abord appel au sentiment, à l'imagination, éveille chez le lecteur — plutôt chez le récitant — une chaîne d'impressions, d'émotions, avant même que les idées n'en soient intelligibles. Une traduction en prose transforme le poème en un récit, un conte, et quelle que soit l'habileté du traducteur, dénature l'œuvre. Prenons l'exemple du vers :*

Trải qua một cuộc bể dâu

que Xuân Việt et Xuân Phúc ont ainsi traduit[1] *:*

1. *Kim Vân Kiều*, traduction de Xuân Việt et Xuân Phúc, Gallimard, Paris 1961. Nous prendrons des exemples dans cette traduction qui peut être considérée comme une des meilleures en langue française, mais qui présente également des défauts majeurs, dûs moins à une incompétence des traducteurs qu'à une certaine conception - que nous pensons erronée - des objectifs de la traduction.

A travers tant de bouleversements — mers devenues champs de mûriers

Cette phrase a le mérite certes de rendre l'idée originelle, mais le vers vietnamien évoque d'abord une image, suscite un mélange de peur angoissée et de douleur contenue, l'homme ressentant toute son impuissance devant les bouleversements de la nature. C'est pourquoi nous avons préféré traduire ce vers:

L'océan gronde là où verdoyaient les mûriers

S'astreindre à employer un langage poétique doit être la première obligation du traducteur d'un poème. Cette discipline aurait évité aux auteurs précités des négligences du genre :

"Mais il faut considérer ceci : le mariage implique dans son essence une fleur au pollen intact, une lune au miroir parfait"

pour traduire des vers aussi exquis que :

Xưa nay trong đạo vợ chồng

Hoa thơm phong nhị, trăng vòng tròn gương

Nous pensons que sans enjoliver ni le vocabulaire, ni les tournures, on peut par un simple arrangement des mots, donner une facture poétique à la traduction :

Mais pour nouer les liens sacrés du mariage

La fleur doit garder intact son nectar

La lune s'offrir dans toute sa plénitude

Même quand deux traductions, l'une en prose, l'autre en langage poétique sont très voisines, voire identiques par les mots employés, il suffit cependant d'en changer la disposition pour obtenir certains effets que la prose ne peut rendre. Prenons un passage entier de la traduction Xuân Việt - Xuân Phúc :

"Imiter celles qui se donnent sur le bord du fleuve Bôc, au milieu des champs de mûriers, ce serait indigne et mériter votre mépris. Sommes-nous de ces gens qui mangent leur blé en herbe ? La pureté de toute une vie conjugale, pourquoi la gâcher en un seul jour ! A considérer les amours célèbres, de tous les temps, quel couple plus assorti que celui formé par Thôi et Trương. Mais orages et pluies renversèrent la pierre et l'or, et de trop de complaisance se lassèrent hirondelles et loriots. Pendant que se joignaient les ailes, que s'entrelaçaient les branches, un secret mépris était né, que couvait leur cœur. Sous le toit de l'Ouest ils ont laissé s'éteindre l'encens du serment et ainsi, un pur amour s'est transformé en un amour honteux. Si maintenant je ne lance pas la navette pour me garder par la faute de qui aurais-je plus tard à rougir devant vous, mon amour. Pourquoi tant vous hâter de contraindre le saule, d'importuner la fleur. Tant que je serai en vie, vous serez un jour payé en retour".

Ainsi Kiều s'adressait à son amant pour le mettre en garde, mais rendue en prose cette "allocution" détonne un peu par l'emploi de certaines images, de certaines tournures qui, dans un poème, paraissent tout à fait naturelles.

Serais-je de celles qui s'ébattent au milieu des mûriers
De vous je serais indigne et ne mériterais que mépris
Allons-nous, en passant cueillir la fleur d'un jour
Pour gâcher à jamais l'amour de toute une vie ?
Thôi et Trương ne formaient-ils pas le plus beau des couples
Hélas, nuages et pluies eurent vite terni le jade et l'or
La fleur complaisante eut vite lassé les oiseaux du printemps
Leurs ailes s'étaient jointes, leurs rameaux entrelacés
Mais déjà se flétrissait l'amour et couvait le mépris
L'encens du serment s'était éteint; sous le toit de la pagode
Leur amour, si pur, si beau avait sombré dans la honte
Belle Thôi, vous auriez dû lancer votre navette
Pour n'avoir point, plus tad, à rougir de votre amour
Pourquoi se hâter de briser le rameau, d'arracher la fleur
Un jour, à votre amour répondra mon amour.

Le Kiều *est bâti entièrement en vers 6-8 qui est le mètre le plus courant de la poésie vietnamienne (l'élément constituant est composé de deux vers, le premier de six, le second de huit pieds, le 6e pied du premier vers rimant avec le 6e du second). Cette unicité métrique ne doit cependant pas faire illusion, le mètre 6-8 se catactérisant en effet par une souplesse infinie, et chaque vers, chaque passage s'anime en réalité d'un rythme propre. Les vers exprimant le désespoir d'un amant, la mélancolie d'un paysage ne vibrent pas au même rythme que les aphorismes tombant de la bouche d'une religieuse. Prenons par exemple le passage où Kiều, avant de quitter le foyer paternel, demande à sa sœur de renouer à sa place les fils de son amour brisé* (pages 121-127). *Dans un premier temps, Kiều essaie d'expliquer, de convaincre, elle raconte les faits, donne des arguments; le rythme est lent, posé. Puis insensiblement elle se perd dans une sorte de rêverie; on sent bien qu'elle ne s'adresse plus à sa sœur, mais poursuit un monologue intérieur dont la cadence, au début traînante, s'accélère peu à peu pour éclater vers la fin en une série de sanglots saccadés. On comprend qu'à la fin de ce discours, Kiều tombe évanouie. Une traduction en prose a toute chance de passer à côté de ce crescendo qui anime ce passage. L'intelligibilité demeurant la qualité première de la prose, le traducteur peut être amené à lui sacrifier souvent les rythmes et cadences qui confèrent au langage poétique un de ses charmes essentiels.*

*

S'il est possible pour le traducteur de trouver des rythmes adéquats, par contre un obstacle se dresse devant lui, insurmontable quand on passe de la langue vietnamienne à des langues atonales comme le français. Le vietnamien se prête admirablement à de multiples combinaisons harmoniques, chaque syllabe pouvant se prononcer sur six tons différents pour signifier des choses différentes. Il suffit de combiner ces tons, de moduler certains mots pour que la phrase devienne un vers, et que la parole se mue en chant. Comment rendre dans une autre langue, atonale, cette musique des tons qui éveille tant de résonances dans le cœur des lecteurs ? L'écueil devient infranchissable quand ces combinaisons phonétiques ne visent plus seulement un effet musical, rythmique, mais encore un effet descriptif. Il existe en vietnamien toute une catégorie de mots constitués par le redoublement d'une syllabe; mais souvent dans la syllabe redoublée, on change soit le ton, soit la consonne, soit la voyelle ou diphtongue, modification qui suffit à donner au sens du mot une nuance souvent indéfinissable. S'il est relativement facile de trouver des équivalents dans d'autres langues pour les onomatopées, on se heurte à une impossibilité quasi-absolue quand le mot évoque une couleur, un mouvement, une attitude, un état d'âme.

Un vent "hiu hiu" *est une brise légère qui fait à peine rider l'eau d'un étang, mais dans un souffle* "hiu hắt" *on devine déjà un soupçon de froidure. Lorsque les voiles se dessinent* "thấp thoáng" *c'est que tantôt elles apparaissent, tantôt elles disparaissent, et le soleil les éclairant sous différentes incidences, tantôt elles brillent de tout leur éclat, tantôt elles restent ternes. Lorsqu'un amoureux se sent* "bâng khuâng" *c'est qu'il est tout "chose", quand l'image de sa bien-aimée l'obsède, et que chaque battement de son cœur l'évoque, le poète emploie l'expression* "canh cánh " *et le traducteur se résigne à user d'une longue périphrase. La quasi-totalité de cette musique, tantôt subtile, légère, vous effleurant comme une brise, tantôt se déchaînant en notes précipitées, tour à tour sourde ou pleine de sonorités vibrantes, parfois enjouée ou triomphante, d'autres fois poignante, disparaît des meilleures traductions. Que le lecteur fasse donc l'effort nécessaire pour suppléer à l'incapacité du traducteur afin d'imaginer, de se présenter cette musique des tons qu'on perd immanquablement, comme l'on perd, quand on puise un seau d'eau dans un bassin où se mire une lune limpide, les moires d'argent que l'astre du soir y a semées.*

Le problème de la fidélité

Quand on passe d'une langue à une autre on change de pays et souvent d'époque. On habille de formes nouvelles des façons de penser, de sentir propres à un peuple, à une civilisation. Partout l'homme aime, haït, désespère, crie sa joie, rugit de colère, se lamente sur ses infortunes, chante ses espérances, mais des siècles de culture différente ont revêtu ces attitudes, ces sentiments, ces idées universels par leur contenu d'une variété infinie de teintes, de nuances, de vernis qui finissent par imprégner profondément le tissu même, au point d'en faire partie, indissolublement. On savoure une double joie, lisant une œuvre étrangère, la joie de la découverte, du dépaysement, et celle de se retrouver sur un sol connu, sur des fondations à tous communes. Toute grande œuvre est à la fois universelle et spécifiquement nationale, enracinée dans le terroir d'où elle est née, mais détachée de toute contingence. Toute traduction se nourrit de cette contradiction à chaque pas renouvelée, danse une danse parfois harassante entre deux exigences, devant dévoiler des mers inconnues, des rives étrangères, tout en ne faisant pas perdre pied, en ne noyant pas le lecteur sous une marée de choses insolites.

L'on doit chercher à recomposer les chatoiements d'une teinture savante, raffinée, complexe qui fait corps avec une soierie délicate, avec des couleurs différentes, un fil qui n'est plus le même. Le traducteur opère à l'instar du chimiste qui décompose d'abord les éléments d'une œuvre, en laisse perdre quelques-uns, en rajoute d'autres, avant de passer à une nouvelle synthèse. De cornue en cornue, de creuset en creuset, une œuvre nouvelle naît, à la fois ressemblante au modèle et différente de lui. Et les uns d'admirer la virtuosité de l'opérateur, les autres de crier à l'infidélité.

La fidélité doit certes rester la vertu première de toute traduction, mais ce principe une fois admis, se pose immédiatement la question : fidélité à quoi ? Un choix s'impose et il importe avant de prendre sa plume, d'instituer une hiérarchie des fidélités. Il est certaines fidélités qui sont pires que des trahisons; en particulier quand le traducteur, pour faire "oriental" colle mécaniquement à tous les ornements, les fioritures, les particularités et les artifices d'une langue qui accumule les sédiments de plusieurs millénaires. C'est le propre de l'exotisme de susciter simplement une impression d'étrangeté, sans être à même de communiquer les émotions, les sentiments profonds qui animent une œuvre.

La langue du Kiều *fourmille d'expresions et de tournures spéciales, d'allusions à des légendes, des poèmes, des récits anciens, et des traducteurs ont cru devoir en faire passer l'intégralité dans leur texte français. Ce qui nous vaut par exemple :*

A toi de renouer avec la colle du phénix le fil de soie brisé[1]

La colle du phénix traduit littéralement le mot vietnamien giao loan, *mais la question est de savoir si Nguyễn Du, employant cette expression, ou le lecteur vietnamien la lisant, a à l'esprit l'image d'une colle fabriquée avec des secrétions quelconques de cet oiseau fabuleux, ou s'il s'agit simplement d'une formulation élégante, voire précieuse pour dire "recoller les fils d'un amour brisé". Ce n'est point se quereller pour des mots, car le lecteur empêtré dans cette colle du phénix n'arrive plus à saisir le fil du drame en cours. Arrêté par un détail insolite, il laisse échapper l'émotion profonde qui court sous les mots.*

1. *Op. cit.*

D'une œuvre vivante, toute vibrante de sentiments humains, d'amour, de douleur, de désespoir est sorti un conte exotique, où la bizarrerie, l'étrangeté l'emportent sur l'humain, où phénix et dragons cachent les hommes. A force de vouloir lui donner un cachet "oriental", on défigure une grande œuvre de qualité universelle, d'une profonde humanité. Rester fidèle, c'est chercher d'abord à recréer cette humanité, cette universalité de l'œuvre. Comment traduire alors tous ces images, allusions, symboles, allégories qui émaillent à chaque pas la langue de tout grand poète ?

Nous nous sommes fixé quelques règles de conduite :

— chercher à coller avant tout au contenu, à communiquer l'émotion première qui émane du texte originel;

— garder les allusions, symboles, allégories qui apportent au lecteur de culture française des images nouvelles, des façons originales de voir la vie et les choses;

— éliminer délibérément tout ce qui est artifice de langage, simple fioriture, pur ornement.

La fidélité au contenu prime toutes les autres, et quand il y a choix, on doit lui sacrifier toute autre considération. Il faut que le lecteur vibre à l'unisson des sentiments qui animent les personnages, sente monter sa joie ou sa colère, se tordre ses entrailles avant que de s'arrêter aux ornements du langage. Il saute aux yeux que c'est nécessairement le côté universel d'une grande œuvre qui passe le mieux la rampe dans une traduction, mais n'opposons pas de façon trop mécanique le caractère universel au cachet national. Car c'est encore dans le contenu qu'on doit le chercher, ce cachet national d'une œuvre comme le Kiều*, et non dans les virtuosités de sa langue.*

Prenons l'exemple du vers: Trải bao thỏ lặn ác tà *que Xuân Việt et Xuân Phúc ont traduit:*

> Que de fois, depuis lors, s'est couché le lièvre lunaire, et décliné le corbeau du soleil

D'emblée, les mots lièvre et corbeau frappent l'imagination du lecteur, tout ravi de se retrouver dans un monde légendaire. Mais est-ce là l'intention de l'auteur? Thỏ lặn ác tà *évoquent simplement chez le lecteur vietnamien la lune qui se couche, le soleil qui décline, et ce vers dit essentiellement la succession indifférente des jours et des saisons sur la tombe abandonnée de Đạm Tiên. C'est d'abord cette mélancolie qu'il faut rendre et non point faire fourvoyer le lecteur dans le monde du merveilleux, complètement étranger au* Kiều *en général, et à ce vers en particulier. Ce lièvre et ce corbeau égarent immanquablement le lecteur, ces mots étant en réalité simples artifices de langage doivent être sacrifiés sans regret pour laisser la place aux mots courants, lune et soleil.*

Autre exemple:

Nào người phượng chạ loan chung

devenu:

Où sont-ils à présent, compagnons de ces unions passagères de phénix ?

Il y a dans ce vers deux mots: phượng loan *(phénix) et* chung chạ *qui évoquent une promiscuité, une intimité charnelle entre un homme et une femme. L'auteur déplore la cruelle indifférence des anciens amants d'une courtisane, adulée toute sa vie, mais immédiatement oubliée de tous après sa mort. Le mot* chung chạ *donne la note dominante du vers, tandis que* phượng loan *n'est qu'une façon de parler. Aucun Vietnamien lisant ce vers ne pense à ce fabuleux oiseau qui renaît chaque matin de ses cendres. Nous avons préféré laisser tomber le phénix et employer une tournure bien moins "orientale":*

Où sont maintenant ceux qui partageaient ses voluptés

Les phénix et dragons, les larmes de perles, et bien d'autres ornements du langage en fait sont passés dans la langue courante, n'ont plus rien de fabuleux, n'évoquent plus rien de merveilleux, d'étrange comme dans d'autres langues. C'est trahir cruellement le texte que de les traduire littéralement. L'erreur la plus grave consiste, répétons-le, à couvrir d'un vernis d'exotisme des textes profondément humains, à induire en erreur le lecteur obnubilé par des mots insolites, des expressions étranges. Peut-être, certains férus "d'orientalisme" seront-ils déçus de ne point retrouver dans notre traduction cette griserie d'opium qu'ils veulent chercher dans toute œuvre asiatique. Nous n'y pouvons rien: le Kiều *est aimé du peuple vietnamien précisément comme une œuvre poétique, humaine, réaliste, et non comme une légende ou un conte de fées.*

Hanoi - 1965

NGUYỄN KHẮC VIỆN

Trăm năm trong cõi người ta,
Chữ tài *chữ* mệnh *khéo là ghét nhau.*
Trải qua một cuộc bể dâu,
Những điều trông thấy mà đau đớn lòng.
Lạ gì bỉ sắc tư phong,
Trời xanh quen thói má hồng đánh ghen.
Cảo thơm lần giở trước đèn,
Phong tình cổ lục còn truyền sử xanh.
Rằng: Năm Gia-Tĩnh triều Minh,
Bốn phương phẳng lặng hai kinh vững vàng.
Có nhà viên ngoại họ Vương,
Gia tư nghĩ cũng thường thường bậc trung.
Một trai con thứ rốt lòng,
Vương Quan là chữ nối dòng nho gia.
Đầu lòng hai ả tố nga,
Thúy Kiều là chị em là Thúy Vân.
Mai cốt cách tuyết tinh thần,
Mỗi người mỗi vẻ mười phân vẹn mười.

Bản tiếng Việt in theo: Kiều, *Nhà xuất bản đại học và trung học chuyên nghiệp, Hà-nội, 1976.*

Cent années, le temps d'une vie humaine, champ clos
Où sans merci, Destin et Talent s'affrontent
L'océan gronde là où verdoyaient les mûriers[1]
De ce monde le spectacle vous étreint le cœur
Pourquoi s'étonner ? Rien n'est donné sans contrepartie
Le Ciel bleu souvent s'acharne sur les beautés aux joues roses
Un vieux manuscrit, feuilleté à la clarté de la lampe
Des temps anciens, nous raconte cette histoire d'amour
Sous l'empereur Gia Tĩnh, dynastie Minh[2]
Calmes étaient les frontières, bien assises les deux capitales
Lors vivait l'honorable Vương, de moyenne fortune
Le fils héritier, Quan cadet de la famille, étudiait
Continuant une longue lignée de lettrés
Deux sœurs le précédaient, Thúy Kiều, Thúy Vân
Grâce du prunier en fleur, candeur de la neige
Belles elles étaient, chacune de sa beauté propre
Toutes deux belles à perfection

Vân xem trang trọng khác vời,
Khuôn trăng đầy đặn nét ngài nở nang.
Hoa cười ngọc thốt đoan trang,
Mây thua nước tóc tuyết nhường màu da.
Kiều càng sắc sảo mặn mà,
So bề tài sắc lại là phần hơn.
Làn thu thủy nét xuân sơn,
Hoa ghen thua thắm liễu hờn kém xanh.
Một hai nghiêng nước nghiêng thành,
Sắc đành đòi một tài đành họa hai.
Thông minh vốn sẵn tính trời,
Pha nghề thi họa đủ mùi ca ngâm.
Cung thương, *làu bậc ngũ âm,*
Nghề riêng ăn đứt hồ cầm một trương.
Khúc nhà tay lựa nên xoang,
Một thiên Bạc mệnh *lại càng não nhân.*
Phong lưu rất mực hồng quần,
Xuân xanh xấp xỉ tới tuần cập kê.

Vân digne, épanouie telle la lune dans ses plus beaux jours
Avait le sourire de fleurs, une voix de cristal
Les nuages n'avaient la splendeur de ses cheveux
La neige la pureté de son teint
Kiều, l'aînée, d'une beauté plus incisive
Supérieure en grâce, en talent, évoquait
Par son regard les reflets des lacs en automne
Par ses sourcils la parure des bois au printemps
Les fleurs en pâlissaient de jalousie
Le saule pleurait de n'avoir son élégance
Belle elle était, comme dans la légende
A renverser citadelles et cités
Unique était sa beauté, rare son talent
Poésie, peinture, musique, rien ne lui était étranger
La gamme des cinq sons, sur la guitare Hồ[3]
N'avait plus de secret pour elle
Pour son plaisir, elle avait composé
"Cruel destin", morceau aux poignants accords
Belles parmi les plus belles, parées des atours
Des jeunes filles au printemps de leur vie

Êm đềm trướng rủ màn che,
Tường đông ong bướm đi về mặc ai.

*

Ngày xuân con én đưa thoi,
Thiều quang chín chục đã ngoài sáu mươi.
Cỏ non xanh tận chân trời,
Cành lê trắng điểm một vài bông hoa.
Thanh minh trong tiết tháng ba,
Lễ là tảo mộ hội là đạp thanh.
Gần xa nô nức yến anh,
Chị em sắm sửa bộ hành chơi xuân.
Dập dìu tài tử giai nhân,
Ngựa xe như nước áo quần như nêm.
Ngổn ngang gò đống kéo lên,
Thoi vàng vó rắc tro tiền giấy bay.
Tà tà bóng ngả về tây,
Chị em thơ thẩn dan tay ra về.

Elles coulaient des jours tranquilles, stores baissés
Au delà des murs, papillonnait la ronde des galants.

*

Au vol des hirondelles, le printemps s'effilochait
Déjà avait passé le soixantième jour de cette douce saison
L'herbe jusqu'à l'horizon étalait son tapis vert tendre
Les poiriers de quelques fleurs blanches s'étaient parés
Dans la pure clarté du troisième mois, en pleine verdure
Pieusement tous sur les tombes s'en étaient allés
Rendre hommage à ceux qui ne sont plus
Tel un vol d'oiseaux, c'était une foule bigarrée et bruissante
Jeunes gens distingués, jeunes filles élégantes
Equipages, toilettes en flot défilaient
Parmi les tumulus où reposaient les morts
Les ex-voto jonchaient le gazon, et le vent
En volutes emportait au loin leurs cendres
Le soleil déclinait. Sur le chemin du retour

Bước lần theo ngọn tiểu khê,
Lần xem phong cảnh có bề thanh thanh.
Nao nao dòng nước uốn quanh,
Nhịp cầu nho nhỏ cuối ghềnh bắc ngang.
Sè sè nấm đất bên đường,
Dàu dàu ngọn cỏ nửa vàng nửa xanh.
Rằng: "Sao trong tiết Thanh minh,
"Mà đây hương khói vắng tanh thế mà?"
Vương Quan mới dẫn gần xa:
"Đạm Tiên nàng ấy xưa là ca nhi.
"Nổi danh tài sắc một thì,
"Xôn xao ngoài cửa hiếm gì yến anh.
"Kiếp hồng nhan có mong manh,
"Nửa chừng xuân thoắt gãy cành thiên hương.
"Có người khách ở viễn phương,
"Xa nghe cũng nức tiếng nàng tìm chơi.
"Thuyền tình vừa ghé tới nơi,
"Thì đà trâm gãy bình rơi bao giờ!
"Buồng không lặng ngắt như tờ,
"Dấu xe ngựa đã rêu lờ mờ xanh.

Les jeunes Vương, flânant, contemplaient le paysage
D'une sobre beauté. Un petit ruisseau serpentait
Tout murmurant, sous l'arche d'une passerelle
Soudain, au bord du chemin apparut une tombe
Qu'une herbe flétrie, jaunissante recouvrait
Kiều s'enquit : Pourquoi, en ce jour de Pure Clarté
Sur cette tombe désertée, ne brûle nul encens ?
Đạm Tiên, dit Quan, courtisane de son métier
En son temps, par sa beauté, ses dons
Connaissait la gloire. Á sa porte, se pressaient
Autant d'amoureux qu'hirondelles et loriots au printemps
Hélas, funeste est le sort des beautés aux joues roses
En son printemps, se cassa
Le rameau qui portait cette divine fleur
Arriva un amant, d'une contrée lointaine
A peine la barque d'amour avait-elle accosté le port
Que déjà le vase s'était brisé, son parfum évanoui
Un silence glacial régnait dans la chambre désolée
La mousse estompait les traces des voitures

"Khóc than khôn xiết sự tình,
"Khéo vô duyên bấy là mình với ta!
"Đã không duyên trước chăng mà,
"Thì chi chút ước gọi là duyên sau.
"Sắm sanh nếp tử xe châu,
"Bụi hồng một nấm mặc dầu cỏ hoa.
"Trải bao thỏ lặn ác tà,
"Ấy mồ vô chủ ai mà viếng thăm!"
Lòng đâu sẵn mối thương tâm,
Thoắt nghe Kiều đã đầm đầm châu sa:
"Đau đớn thay phận đàn bà!
"Lời rằng bạc mệnh cũng là lời chung.
"Phũ phàng chi bấy hóa công!
"Ngày xanh mòn mỏi má hồng phôi pha.
"Sống làm vợ khắp người ta,
"Khéo thay thác xuống làm ma không chồng!
"Nào người phượng chạ loan chung,
"Nào người tiếc lục tham hồng là ai?

L'homme ne put contenir sa douleur
Đạm Tiên, s'écria-t-il, quelque part il est écrit
Que jamais entre nous les liens de l'amour ne seraient tissés
Ce bonheur nous est refusé pour cette présente vie
Que ceci soit un gage pour nos vies futures
Il commanda un beau cercueil, et le cortège funèbre s'en fut
Ensevelir la défunte; depuis lors, sur sa tombe solitaire
A l'envi l'herbe pousse, les lunes et les soleils
En vain répandent chaleur et clarté
Personne, personne en ce lieu n'est réapparu
D'où pouvait bien venir cette compassion profonde
Qui au récit de ces infortunes, à n'en plus finir
A la belle Kiều, arracha larmes et sanglots
Tragique, dit-elle, est le sort des femmes
A toutes, ingrat se montre le destin
Créateur, pourquoi tant de cruauté
S'usent nos vertes années, se fanent nos joues roses
Vivante, cette femme était la femme de tous
Au royaume des morts, son âme erre, esseulée
Où sont maintenant ceux qui partageaient ses voluptés
Et ceux qui couraient après ses atours ?

"Đã không kẻ đoái người hoài,
"Sẵn đây ta kiếm một vài nén hương.
"Gọi là gặp gỡ giữa đường,
"Họa là người dưới suối vàng biết cho".
Lầm rầm khấn vái nhỏ to,
Sụp ngồi đặt cỏ trước mồ bước ra.
Một vùng cỏ áy bóng tà,
Gió hiu hiu thổi một và bông lau.
Rút trâm sẵn giắt mái đầu,
Vạch da cây vịnh bốn câu ba vần.
Lại càng mê mẩn tâm thần,
Lại càng đứng lặng tần ngần chẳng ra.
Lại càng ủ dột nét hoa,
Sầu tuôn đứt nối châu sa vắn dài.
Vân rằng: "Chị cũng nực cười,
Khéo dư nước mắt khóc người đời xưa!"
Rằng: "Hồng nhan tự nghìn xưa,
"Cái điều bạc mệnh có chừa ai đâu,

A toi, nul ne daigne plus accorder une pensée
Sur mon chemin, je t'ai rencontrée, pour toi
Je brûlerai ce bouquet d'encens; dans les ténèbres
Âme errante, cet hommage te parviendra-t-il ?
Prosternée devant la tombe, longuement, elle pria
L'herbe rougeoyait sous les feux du couchant
Les roseaux frissonnaient sous la brise du soir
Sur un arbre, Kiều, avec son épingle à cheveux
Grava un quatrain; et la voici à nouveau
Immobile, sans un mot, perdue dans son rêve
Son visage s'assombrit, fleur sous l'orage
Quelle comédie, sœur ! lui reprocha Vân
Des larmes, tu en as vraiment d'abondance
Pour pleurer ainsi sur les gens du passé
Depuis les temps anciens, dit Kiều, aux belles femmes
Jamais n'a été épargnée la cruauté du destin

"Nỗi niềm tưởng đến mà đau,
"Thấy người nằm đó biết sau thế nào?"
Quan rằng: "Chị nói hay sao,
"Một lời là một vận vào khó nghe!
"Ở đây âm khí nặng nề,
"Bóng chiều đã ngả dặm về còn xa".
Kiều rằng: "Những đấng tài hoa,
"Thác là thể phách còn là tinh anh.
"Dễ hay tình lại gặp tình,
"Chờ xem ắt thấy hiển linh bây giờ!"
Một lời nói chửa kịp thưa,
Phút đâu trận gió cuốn cờ đến ngay.
Ào ào đổ lộc rụng cây,
Ở trong dường có hương bay ít nhiều.
Đè chừng ngọn gió lần theo,
Dấu giày từng bước in rêu rành rành.
Mặt nhìn ai nấy đều kinh,
Nàng rằng: "Này thực tinh thành chẳng xa.

Elle, je la vois aujourd'hui couchée dans cette tombe

Et j'ignore moi même, ce qui m'attend demain

Quan intervint : Pourquoi ces paroles de sinistre augure

Rentrons ! L'ombre du couchant s'allonge

Et montent déjà les miasmes du soir

Ceux qui ont beauté et talent, répliqua Kiều

Vivent toujours. Le corps meurt, l'âme survit

L'amour toujours répond à l'amour

Attendons ! A l'instant, son âme va se montrer à nous

Une bourrasque de vent lui coupa la voix, on dirait

La charge d'une armée, bannières déployées

Arrachant les feuilles, secouant les arbres
Un parfum discret flottait au cœur de la rafale
Là où passait le vent, à n'en pas douter
S'imprimaient sur la mousse les talons d'une femme
Tous étaient saisis de stupeur
Oui, dit Kiều, à ma foi, tu as répondu

"Hữu tình ta lại gặp ta,
"Chớ nề u hiển mới là chị em".
Đã lòng hiển hiện cho xem,
Tạ lòng, nàng lại nối thêm vài lời.
Lòng thơ lai láng bồi hồi,
Gốc cây lại vạch một bài cổ thi.

*

Dùng dằng nửa ở nửa về,
Nhạc vàng đâu đã tiếng nghe gần gần.
Trông chừng thấy một văn nhân,
Lỏng buông tay khấu bước lần dặm băng.
Đề huề lưng túi gió trăng,
Sau chân theo một vài thằng con con.
Tuyết in sắc ngựa câu giòn,
Cỏ pha màu áo nhuộm non da trời
Nẻo xa mới tỏ mặt người,
Khách đà xuống ngựa tới nơi tự tình.
Hài văn lần bước dặm xanh,
Một vùng như thể cây quỳnh cành dao.

A mon amour tu as répondu par l'amour
Tu es au royaume des ombres, en moi

Tu as reconnu une sœur, en ce monde de lumière

Touchée, Kiều lui dédia encore un poème

Et sur l'écorce d'un vieux tronc le grava.

*

Rester ou partir, ils ne savaient encore

Quand, tout près tintèrent les grelots d'un cheval

Un jeune cavalier venait vers eux, bride lâchée

Des bagages légers comme le vent

Quelques petits valets à sa suite

Son cheval avait couleur de neige, sa tunique

Mariait les coloris des feuillages et ceux de l'azur

Sautant de cheval, l'homme vint à leur rencontre

Foulant de ses brodequins le vert gazon

Tout en lui respirait harmonie et beauté

Chàng Vương quen mặt ra chào,
Hai kiều e lệ nép vào dưới hoa.
Nguyên người quanh quất đâu xa,
Họ Kim tên Trọng vốn nhà trâm anh.
Nền phú hậu bậc tài danh,
Văn chương nết đất thông minh tính trời.
Phong tư tài mạo tốt vời,
Vào trong phong nhã ra ngoài hào hoa.
Chung quanh vẫn đất nước nhà,
Với Vương Quan, trước vốn là đồng thân.
Trộm nghe thơm nức hương lân,
Một nền Đồng-tước khoá xuân hai Kiều.
Nước non cách mấy buồng thêu,
Những là trộm dấu thầm yêu chốc mòng.
May thay giải cấu tương phùng,
Gặp tuần đố lá thỏa lòng tìm hoa.
Bóng hồng nhác thấy nẻo xa,
Xuân lan thu cúc, mặn mà cả hai.
Người quốc sắc kẻ thiên tài,
Tình trong như đã mặt ngoài còn e.

Quan, le connaissant, lui rendit le salut

Les deux sœurs, effarouchées, s'esquivèrent derrière des fleurs

A vrai dire, c'était un voisin, Kim Trọng

Noble famille, fine intelligence, vaste culture

Beau, distingué, généreux, rien ne lui manquait

Cet homme du pays, condisciple de Quan, savait que dans son voisinage

Vivaient ces deux beautés, leur printemps bien emmuré

Les rideaux brodés les cachaient plus que fleuves et monts

Kim ne pouvait que brûler d'amour, soupirer en silence

Chance inouïe, divine rencontre

L'amoureux des fleurs tombait en pleines floralies

Au loin, il aperçut deux silhouettes roses

Une orchidée de printemps, un chrysanthème d'automne

Qui pourrait dire quelle est la plus belle

La belle Kiều et Kim, l'homme bien né, dès le premier regard

S'aimèrent; leur cœur le savait, leur visage n'osait le dire

Chập chờn cơn tỉnh cơn mê,
Rốn ngồi chẳng tiện dứt về chỉn khôn.
Bóng tà như giục cơn buồn,
Khách đà lên ngựa người còn ghé theo.
Dưới cầu nước chảy trong veo,
Bên cầu tơ liễu bóng chiều thướt tha,

*

Kiều từ trở gót trướng hoa,
Mặt trời gác núi chiêng đà thu không.
Gương nga chênh chếch dòm song,
Vàng gieo ngấn nước cây lồng bóng sân.
Hải đường lả ngọn đông lân,
Giọt sương gieo nặng cành xuân la đà.
Một mình lặng ngắm bóng nga,
Rộn đường gần với nỗi xa bời bời:
"Người mà đến thế thì thôi,
"Đời phồn hoa cũng là đời bỏ đi!

Etait-ce rêve, était-ce réalité ?
Partir, ils ne pouvaient, rester, ils ne sauraient
L'ombre du couchant, mélancolique, s'allongeait
Kim remonta en selle; longtemps, Kiều le suivait du regard
L'eau limpide chantait sous la passerelle
Les saules se balançaient sous la caresse des vents du soir.

*

Quand Kiều rentra derrière ses rideaux fleuris
Par delà les monts, le soleil s'était caché
Les gongs avaient sonné la fin du jour
Par le fênetre, la lune lorgnait
Semant des moires d'or sur l'eau des bassins
Dans la cour, les arbres allongeaient leurs ombres
Jusqu'au sol, un camélia rouge inclinait ses rameaux
Las de porter une abondante rosée printanière
Kiều, seule dans la nuit, contemplait la lune
Le cœur lourd, d'espérances proches, d'inquiétudes lointaines
Cette femme seule, dans sa tombe, quelle vie
En être là, après tant de gloire, de magnificence !

"Người đâu gặp gỡ làm chi,
"Trăm năm biết có duyên gì hay không?"
Ngổn ngang trăm mối bên lòng,
Nên câu tuyệt diệu ngụ trong tính tình.
Chênh chênh bóng nguyệt xế mành,
Tựa ngồi bên triện một mình thiu thiu.
Thoắt đâu thấy một tiểu kiều,
Có chiều phong vận có chiều thanh tân.
Sương in mặt tuyết pha thân,
Sen vàng lãng đãng như gần như xa.
Rước mừng đón hỏi dò la:
"Đào nguyên lạc lối đâu mà đến đây?"
Thưa rằng: "Thanh khí xưa nay,
"Mới cùng nhau lúc ban ngày đã quên?
"Hàn gia ở mé tây thiên,
"Dưới dòng nước chảy bên trên có cầu.
"Mấy lòng hạ cố đến nhau,
"Mấy lời hạ tứ ném châu gieo vàng.
"Vâng trình hội chủ xem tường,
"Mà sao trong sổ đoạn trường có tên.

Et cet homme que le sort a mis sur mon chemin
Un quelconque lien unira-t-il nos destinées ?
Elle traça quelques vers; s'y épanchait
Son cœur assailli de mille et mille pensées
Un rayon de lune filtrait derrière le store
Kiều s'assoupit; apparut soudain une silhouette de femme
Distinguée, fine. Son visage étincelait comme la rosée
De la neige son corps avait l'immaculée blancheur
Se rapprochait-elle, s'éloignait-elle ? Kiều ne savait
Elle l'accueillit avec joie. Seriez-vous, demanda-t-elle
Egarée dans ce monde, venant de la Vallée des Immortels ?
Une secrète sympathie nous unit, dit la belle inconnue
Auriez-vous oublié celle que vous avez, en ce jour, rencontrée ?
A l'ouest d'ici, vous rappelez-vous, ce tumulus déserté
Un ruisseau y chante sous l'arche d'une passerelle
Vous m'avez accordé une pensée fraternelle
Vos paroles d'or, jusqu'à moi sont venues
Dans le grand livre du Destin qui nous régit
J'ai lu votre nom; dans le même esquif nous sommes emportées

"Âu đành quả kiếp nhân duyên,
"Cũng người một hội một thuyền đâu xa!
"Này mười bài mới, mới ra,
"Câu thần lại mượn bút hoa vẽ vời".
Kiều vâng lĩnh ý đề bài,
Tay tiên một vẫy đủ mười khúc ngâm,
Xem thơ nức nở khen thầm:
"Giá đành tú khẩu cẩm tâm khác thường!
"Ví đem vào tập đoạn trường,
"Thì treo giải nhất chi nhường cho ai!"
Thềm hoa khách đã trở hài,
Nàng còn cầm lại một hai tự tình.
Gió đâu sịch bức mành mành,
Tỉnh ra mới biết rằng mình chiêm bao.
Trông theo nào thấy đâu nào,
Hương thừa dường hãy ra vào đâu đây.
Một mình lưỡng lự canh chầy,
Đường xa nghĩ nỗi sau này mà kinh!

Dans la barque de celles que le malheur ne ménage pas

Oui, nous traînons toutes notre dur karma[4]

Sur ce thème, à vous, poète, je demanderai quelques vers

Pinceau fleuri, vers divins, vous en avez le secret

Kiều accéda à son désir, ses doigts de fée

Eurent vite fait d'inscrire rimes et vers

Quel talent, s'exclama la belle visiteuse

Quel cœur d'or, quelles paroles magnifiques comme le brocart doré !

De toutes les beautés sur lesquelles s'acharne le sort

Incontestablement, vous êtes la reine, en talent

Sur le perron, la visiteuse fit ses adieux

Kiều la retint; un coup de vent secoua le store

Elle sursauta : ce n'était qu'un songe

Pas une ombre, mais çà et là un léger parfum flottait

Tard dans la nuit, solitaire, Kiều méditait

Penser à l'avenir la jetait dans l'effroi

Hoa trôi bèo giạt đã đành,
Biết duyên mình biết phận mình, thế thôi!
Nỗi riêng lớp lớp sóng dồi,
Nghĩ đòi cơn lại sụt sùi đòi cơn.
Giọng Kiều rền rĩ trướng loan,
Nhà huyên chợt tỉnh, hỏi: "Cơn cớ gì?
"Cớ sao trằn trọc canh khuya,
"Màu hoa lê hãy dầm dề giọt mưa?"
Thưa rằng: "Chút phận ngây thơ,
"Dưỡng sinh đôi nợ tóc tơ chưa đền.
"Buổi ngày chơi mả Đạm Tiên,
"Nhắp đi thoắt thấy ứng liền chiêm bao.
"Đoạn trường là số thế nào,
"Bài ra thế ấy vịnh vào thế kia,
"Cứ trong mộng triệu mà suy,
"Thân con thôi có ra gì mai sau!"
Dạy rằng: "Mộng huyễn chắc đâu,
"Bỗng không mua não chuốc sầu, nghĩ nao!"
Vâng lời khuyên giải thấp cao,
Chưa xong điều nghĩ đã dào mạch Tương,

Sera-t-elle une fleur à la dérive, une herbe ballotée par les flots ?
Telles des vagues sans cesse renaissantes, de sombres pensées
L'assaillaient, lui arrachant de sourds sanglots
Derrière les rideaux, sa mère brusquement réveillée
S'inquiéta : D'où vient, ma fille, qu'en pleine nuit
Tu te tourmentes, et te voilà baignée de larmes
Telle une blanche fleur de poirier sous la pluie
Mère, je ne suis encore qu'une enfant
Vous m'avez nourrie, élevée, en retour je n'ai rien donné
Et voici qu'en ce jour, rendant hommage à Đạm Tiên
Je l'ai vue cette nuit apparaître en songe
Me dire le funeste destin qui m'attend
Voici les thèmes qu'elle m'a proposés, les poèmes que j'ai faits
Sinistre présage, quel avenir me sera t-il réservé ?
Ma fille, pourquoi se fier à un songe
Pourquoi te tourmenter sans rime ni raison
Ces sages conseils semblaient apaiser Kiều
Dont le cœur débordait, plein de son nouvel amour

Ngoài song thỏ thẻ oanh vàng,
Nách tường bông liễu bay ngang trước mành.
Hiên tà gác bóng chênh chênh,
Nỗi riêng, riêng chạnh tấc riêng một mình.

*

Cho hay là giống hữu tình,
Đố ai gỡ mối tơ mành cho xong!
Chàng Kim từ lại thư song,
Nỗi nàng canh cánh bên lòng biếng khuây.
Sầu đong càng lắc càng đầy,
Ba thu dồn lại một ngày dài ghê!
Mây Tần khoá kín song the,
Bụi hồng liệu nẻo đi về chiêm bao.
Tuần trăng khuyết đĩa dầu hao,
Mặt mơ tưởng mặt lòng ngao ngán lòng.
Buồng văn hơi giá như đồng.
Trúc se ngọn thỏ tơ chùng phím loan.

Par delà la fenêtre, un loriot babillait

Un chaton de saule voletait devant le store

La lune sous la véranda jetait ses rayons obliques

Kiều, amèrement, ressentait toute sa solitude.

*

Ainsi va l'amour, ainsi sont les amoureux

L'écheveau de leur cœur, qui saura le débrouiller

Derrière sa fenêtre, parmi ses livres, le souvenir

Obsédait le jeune Kim; plus il jaugeait sa tristesse

Plus elle débordait. Les jours d'attente s'étiraient

En de longs et interminables automnes

Les rideaux, comme un voile de nuages, recélaient leur secret

Pour voir l'aimée, seul restait le chemin du rêve

Les lunes passaient; au long des nuits

L'huile des lampes tarissait

Il pensait toujours au même visage

Son cœur soupirait après un autre cœur

Glaciale lui semblait sa chambre

Les pinceaux gisaient près de la guitare, aux cordes détendues

Mành Tương phất phất gió đàn,
Hương gây mùi nhớ trà khan giọng tình.
Ví chăng duyên nợ ba sinh,
Làm chi đem thói khuynh thành trêu ngươi.
Bâng khuâng nhớ cảnh nhớ người,
Nhớ nơi kỳ ngộ vội dời chân đi.
Một vùng cỏ mọc xanh rì,
Nước ngâm trong vắt thấy gì nữa đâu!
Gió chiều như giục cơn sầu,
Vi lô hiu hắt như màu khơi trêu.
Nghề riêng nhớ ít tưởng nhiều,
Xăm xăm đè nẻo Lam-kiều lần sang.
Thâm nghiêm kín cổng cao tường,
Cạn dòng lá thắm dứt đường chim xanh.
Lơ thơ tơ liễu buông mành,
Con oanh học nói trên cành mỉa mai.
Mấy lần cửa đóng then cài,
Dấy thềm hoa rụng biết người ở đâu?

Sans fin, le vent sifflait aux stores tendus de soie
A peine brûlé, l'encens ravivait le parfum du souvenir
Au thé le plus fin manquait atrocement l'arome de l'amour
Nos destins s'uniront-ils un jour ? Pourquoi ce jeu cruel
Ciel, pourquoi me l'avoir fait croiser sur le chemin
Elle, si belle, belle à renverser citadelles et cités
De sa pensée, rien ne s'effaça
Ni le visage de l'aimée, ni le souvenir des lieux
Il retourna au lieu de leur rencontre
L'herbe toujours verdoyait à perte de vue
L'eau toujours limpide n'avait gardé aucune image
La brise du soir fouaillait sa tristesse
Taquins, les roseaux frétillaient au souffle du vent
Sur le fond du souvenir la rêverie brodait ses sortilèges
N'en pouvant plus, il courut à la demeure de Kiều
Portait hermétique, murs austères, rien ne passerait
Ni l'oiseau d'azur, ni la feuille pourpre[5]
Comme des rideaux, les remeaux des saules pendaient
Un loriot moqueur balbutiait dans les feuilles
Les portes étaient fermées, les verrous tirés
Des fleurs jonchaient le perron, mais nulle ombre humaine

Tần ngần đứng suốt giờ lâu,
Dạo quanh chợt thấy mái sau có nhà.
Là nhà Ngô Việt thương gia,
Buồng không để đó người xa chưa về.
Lấy điều du học hỏi thuê,
Túi đàn cặp sách, đề huề dọn sang.
Có cây có đá sẵn sàng,
Có hiên Lãm-Thuý nét vàng chưa phai.
Mừng thầm chốn ấy chữ bài,
Ba sinh âu hẳn duyên trời chi đây!
Song hồ nửa khép cánh mây,
Tường đông ghé mắt ngày ngày hằng trông.
Tấc gang động khoá nguồn phong,
Tuyệt mù nào thấy bóng hồng vào ra.
Nhẫn từ quán khách lân la,
Tuần trăng thấm thoắt nay đà thêm hai.
Cách tường phải buổi êm trời,
Dưới đào dường có bóng người thướt tha.
Buông cầm xốc áo vội ra,
Hương còn thơm nức người đà vắng tanh.

Il resta planté là, des heures durant

Puis avisa dans le voisinage un logis vacant

Le loua, y transporta ses livres, sa guitare

Le jardin était ombragé, avec un rocher miniature

L'inscription Lãm Thúy sur la véranda semblait un heureux présage[6]

Tout réjoui, il se disait : prédestiné est notre amour

Derrière sa fenêtre toujours entrouverte

Kim, jour après jour, restait aux aguets

Le portail demeurait clos, un empan les séparait, mais

Cette silhouette rose qu'il attendait, ne donnait signe de vie

Le temps filait, deux lunes il avait attendu

Et voici que par une belle journée, derrière le mur

Une robe sembla flotter au vent à l'ombre d'un pêcher

Kim lâchant sa guitare, fonça dans le jardin

Plus personne, seul flottait encore un suave parfum

Lần theo tường gấm dạo quanh,
Trên đào, nhác thấy một cành kim thoa.
Giơ tay với lấy về nhà;
"Này trong khuê các đâu mà đến đây?
"Gẫm âu người ấy báu này,
"Chẳng duyên chưa dễ vào tay ai cầm!"
Liền tay ngắm nghía biếng nằm,
Hãy còn thoang thoảng hương trầm chưa phai.
Tan sương đã thấy bóng người,
Quanh tường ra ý tìm tòi ngẩn ngơ.
Sinh đà có ý đợi chờ,
Cách tường lên tiếng xa đưa ướm lòng:
"Thoa này bắt được hư không,
"Biết đâu Hợp-Phố mà mong châu về?"
Tiếng Kiều nghe lọt bên kia:
"Ơn lòng quân tử sá gì của rơi.
"Chiếc thoa nào của mấy mươi,
"Mà lòng trọng nghĩa khinh tài xiết bao!"

Longeant le mur, il trouva sur l'arbre une broche en or

La cueillit, l'emporta chez lui; ce bijou, se dit-il

Echappé de l'intimité d'une femme, porte la marque du destin

Serait-il pour rien tombé entre mes mains ?

A le manier, à le contempler, il en perdit le sommeil

Un parfum lancinant toute la nuit l'obséda

A peine la rosée matinale s'était-elle dissipée

Qu'on vit une ombre se presser le long du mur

Kim aux aguets, par dessus le mur, tenta une approche

Ce bijou est entre mes mains, se peut-il

Que comme les perles du Hợp Phố[7]*, sans détour il vous revienne*

On entendit la belle voix de Kiều

Quelle valeur peut avoir une broche perdue

Pour vous gentilhomme, vous pour qui

L'honneur pèse plus lourd que tout l'or du monde

Sinh rằng: "Lân lý ra vào,
"Gần đây nào phải người nào xa xôi,
"Được rày nhờ chút thơm rơi,
"Kể đà thiểu não lòng người bấy nay!
"Bấy lâu mới được một ngày,
"Dừng chân gạn chút niềm tây gọi là".
Vội về thêm lấy của nhà,
Xuyến vàng đôi chiếc khăn là một vuông.
Bậc mây rón bước ngọn tường,
Phải người hôm nọ rõ ràng chẳng nhe ?
Sượng sùng giữ ý rụt rè,
Kẻ nhìn rõ mặt người e cúi đầu.
Rằng : "Từ ngẫu nhĩ gặp nhau,
"Thầm trông trộm-nhớ bấy lâu đã chồn.
"Xương mai tính đã rũ mòn,
"Lần lừa ai biết hãy còn hôm nay!
"Tháng tròn như gửi cung mây,
"Trần trần một phận ấp cây đã liều!

Kim s'écria : Serions-nous l'un pour l'autre des inconnus ?

J'ai recueilli ce brin de parfum échappé de votre personne

Mais Dieu sait, combien j'ai souffert, des mois durant

Jour après jour, j'ai attendu ce jour

Donnez-moi un moment, j'ai tant à vous dire

Chez lui, il fit un saut, prit une broche en or

Un carré de soie, puis le voici escaladant le mur

Oui, c'était bien elle, rougissante, baissant la tête

Lui, la buvait des yeux. Je vous ai vue, dit-il

Un jour, et ma vie n'a plus été qu'une longue attente

Je languissais tel un prunier qui dépérit

N'osant espérer ce jourd'hui vous revoir

Les mois s'écoulaient; perdu dans les nuages de mes rêves

Au pilier de l'attente, obstinément, je restais appuyé [8]

"Tiện đây xin một hai điều,
"Đài gương soi đến dấu bèo cho chăng?"
Ngần ngừ, nàng mới thưa rằng:
"Thói nhà băng tuyết chất hằng phỉ phong,
"Dù khi lá thắm chỉ hồng,
"Nên chăng thì cũng tại lòng mẹ cha.
"Nặng lòng xót liễu vì hoa,
"Trẻ thơ đã biết đâu mà dám thưa!"
Sinh rằng: "Rày gió mai mưa,
"Ngày xuân đã dễ tình cờ mấy khi!
"Dù chăng xét tấm tình si,
"Thiệt đây mà có ích gì đến ai?
"Chút chi gắn bó một hai,
"Cho đành rồi sẽ liệu bài mối manh.
"Khuôn thiêng dù phụ tấc thành,
"Cũng liều bỏ quá xuân xanh một đời.
"Lượng xuân dù quyết hẹp hòi
"Công đeo đuổi chẳng thiệt thòi lắm ru!"

Un seul mot, je vous le demande : L'humble airelle

Peut-elle espérer un rayon de la sublime étoile ?

La réponse vint, hésitante : Sans fard comme la neige

Rustiques comme les herbes sont nos traditions de famille

La feuille pourpre, message d'amour, les fils roses du mariage

Aux père et mère, il appartient de l'accueillir ou de les tisser

Une fleur modeste, je suis, un saule sans grâce

Une enfant qui ne saurait vous répondre

Kim supplia : Demain, il pourra venter, l'orage pourra fondre

Les chances du printemps reviendront-elles encore ?
Si vous n'avez pitié de mon fol amour

Dans le désespoir, je serai, et qu'y gagneriez-vous ?

Dites seulement un mot, un rien pour nous lier

A la famille, je m'adresserai en bonne et due règle

Si jamais le Ciel fait obstacle à mon amour

Je jure de sacrifier mes vertes années

A la douceur du printemps laissez s'ouvrir votre cœur

Ne laissez pas sans réponse un cœur qui vous a élue

Lặng nghe lời nói như ru,
Chiều xuân dễ khiến nét thu ngại ngùng.
Rằng: "Trong buổi mới lạ lùng,
"Nể lòng có lẽ cầm lòng cho đang!
"Đã lòng quân tử đa mang,
"Một lời vâng tạc đá vàng thủy chung".
Được lời như cởi tấm lòng,
Giở kim hoàn với khăn hồng trao tay.
Rằng: "Trăm năm cũng từ đây,
"Của tin gọi một chút này làm ghi".
Sẵn tay khăn gấm quạt quỳ
Với cành thoa ấy, tức thì đổi trao.
Một lời vừa gắn tất giao,
Mái sau dường có xôn xao tiếng người.
Vội vàng lá rụng hoa rơi,
Chàng về viện sách nàng dời lầu trang.

*

Từ phen đã biết tuổi vàng,
Tình càng thấm thía dạ càng ngẩn ngơ.

Kiều écoutait, silencieuse. Ces paroles la berçaient
Un rêve de printemps passait dans ses yeux, limpides comme les lacs en automne
Nous nous connaissons à peine, dit-elle, mais comment retenir mon cœur
Devant de si nobles sentiments ? Gentilhomme, vous m'avez donné votre parole
En moi, elle est gravée, mieux que sur l'or ou sur la pierre
Sur le cœur de Kim, ces paroles eurent l'effet d'un baume
La broche en or, le carré de soie, il les tendit à Kiều
Pour cent années, nous serons liés, en voici les gages
Il reçut de Kiều un éventail fleuri, une écharpe de brocart
Et tous deux se jurèrent un éternel amour
Des bruits de pas, des voix se firent entendre
Ils se quittèrent précipitamment bousculant feuilles et fleurs
Lui regagna sa bibliothèque, elle rentra derrière ses rideaux

*

La pierre avait éprouvé la pureté de l'or
Plus les cœurs étaient liés
Plus les amants languissaient dans l'attente

Sông Tương một dải nông sờ,
Bên trông đầu nọ bên chờ cuối kia.
Một tường tuyết chở sương che
Tin xuân đâu dễ đi về cho năng.
Lần lần ngày gió đêm trăng,
Thưa hồng rậm lục đã chừng xuân qua.
Ngày vừa sinh nhật ngoại gia,
Trên hai đường dưới nữa là hai em.
Tưng bừng sắm sửa áo xiêm,
Biện dâng một lễ xa đem tấc thành.
Nhà lan thanh vắng một mình,
Ngẫm cơ hội ngộ đã dành hôm nay.
Thời trân thức thức sẵn bày,
Gót sen thoăn thoắt dạo ngay mái tường.
Cách hoa sẽ dặng tiếng vàng,
Dưới hoa đã thấy có chàng đứng trông:
"Trách lòng hờ hững với lòng,
"Lửa hương chốc để lạnh lùng bấy lâu,

Le fleuve Tương[9] *s'asséchait, devenu un mince filet*

A l'aval l'aimée attendait, à l'amont l'homme soupirait

Un simple mur les séparait

Mais neige et brume couvraient le mur

Du printemps de leur amour, nul message n'arrivait à passer

Au fil des jours, au long des nuits, le temps s'écoulait

Les arbres quittaient leur parure de fleurs, se couvrant de verdure

Le printemps tirait à sa fin. Dans la famille maternelle

Pour un anniversaire, les Vương partaient chargés d'offrandes

En costume de fête. Kiều était restée seule

L'occasion était belle. Vite, quelques fruits et friandises

Et la voici, d'un pas alerte, courant vers le mur

Par delà les massifs de fleurs, elle fit entendre sa voix

Derrière les fleurs, Kim était là qui attendait

"Quelle cruelle indifférence, s'écria-t-il, et pourquoi

Laisser mourir la flamme à peine allumée de notre amour ?

"Những là đắp nhớ đổi sầu,
"Tuyết sương nhuốm nửa mái đầu hoa râm".
Nàng rằng :"Gió bắt mưa cầm,
"Đã cam tệ với tri âm bấy chầy.
"Vắng nhà được buổi hôm nay,
"Lấy lòng gọi chút ra đây tạ lòng!"
Lần theo núi giả đi vòng,
Cuối tường dường có nẻo thông mới rào.
Xắn tay mở khoá động đào,
Rẽ mây trông tỏ lối vào Thiên-thai.
Mặt nhìn mặt càng thêm tươi,
Bên lời vạn phúc bên lời hàn huyên.
Sánh vai về chốn thư hiên,
Góp lời phong nguyệt nặng nguyền non sông.
Trên yên bút giá thi đồng,
Đạm thanh một bức tranh tùng treo trên.
Phong sương được vẻ thiên nhiên,
Mặn khen nét bút càng nhìn càng tươi.

D'attente, de souffrance, mes jours sont tissés

En partie mes cheveux ont pris couleur de neige

Pluies et vent, dit-elle, m'ont jusqu'ici retenue

J'avoue être en faute; aujourd'hui la famille est absente

Me voici, mon cœur répondant à l'appel de votre cœur

Elle contourna le rocher miniature, arriva jusqu'au bout du mur

Une petite clôture barrait le chemin : elle la souleva

Devant elle, s'ouvrait le Val de Félicité

Face à face, ils étaient, ne se lassant de se contempler

N'arrêtant de se dire les plus douces paroles

Epaule contre épaule, ils se rendirent chez Kim

Leurs propos portaient comme la caresse du vent, la clarté de la lune

Leurs serments étaient lourds de la pérennité des fleuves et des monts

Sur un pupitre, des pinceaux, des carnets de poème étaient jetés

Au mur, un tableau avec un pin, plus beau que nature

Kiều ne tarissait pas d'éloges. Kim lui demanda d'y inscrire quelques vers

Sinh rằng: "Phác họa vừa rồi,
"Phẩm đề xin một vài lời thêm hoa"
Tay tiên gió táp mưa sa,
Khoảng trên dừng bút thảo và bốn câu.
Khen: "Tài nhả ngọc phun châu,
"Nàng Ban ả Tạ cũng đâu thế này!
"Kiếp tu xưa ví chưa dày,
"Phúc nào nhắc được giá này cho ngang!"
Nàng rằng: "Trộm liếc dung quang,
"Chẳng sân ngọc bội cũng phường kim môn.
"Nghĩ mình phận mỏng cánh chuồn,
"Khuôn xanh biết có vuông tròn mà hay?
"Nhớ từ năm hãy thơ ngây,
"Có người tướng sĩ đoán ngay một lời:
"Anh hoa phát tiết ra ngoài,
"Nghìn thu bạc mệnh một đời tài hoa.
"Trông người lại ngẫm đến ta,
"Một dày một mỏng biết là có nên?"

De ses mains de fée, rapide comme le vent

Sur le tableau, elle jeta quelques strophes

Sous vos mains, s'exclama Kim, naissent le jade et
le diamant

Ban et Tạ, ces femmes dont les anciens vantaient le talent

Tout au plus vous égalaient

Seraient-ce les mérites de mes vies antérieures

Qui m'ont valu tout ce bonheur. Elle dit

A vous voir, on devine l'homme de bonne naissance, de
brillant avenir

Mon destin à moi, est fragile comme l'aile d'une libellule

Le Ciel me permettra-t-il connaître le bonheur

J'étais encore une enfant; un devin m'avait prédit

La fleur a trop d'éclat, pour toute son existence

Elle s'attirera les coups du sort

Je vois l'homme que vous deviendrez, je pense à moi-même

L'heur et le malheur peuvent-t-ils s'associer ?

Sinh rằng: "Giải cấu là duyên,
"Xưa nay nhân định thắng thiên cũng nhiều.
"Ví dù giải kết đến điều,
"Thì đem vàng đá mà liều với thân!".
Đủ điều trung khúc ân cần,
Lòng xuân phơi phới chén xuân tàng tàng.
Ngày vui ngắn chẳng tày gang,
Trông ra ác đã ngậm gương non đoài.
Vắng nhà chẳng tiện ngồi dai,
Giã chàng, nàng mới kíp dời song sa.
Đến nhà vừa thấy tin nhà,
Hai thân còn dở tiệc hoa chưa về.
Cửa ngoài vội rủ rèm the,
Xăm xăm băng lối vườn khuya một mình.
Nhặt thưa, gương giọi đầu cành,
Ngọn đèn trông lọt trướng huỳnh hắt hiu.
Sinh vừa tựa án thiu thiu,
Dở chiều như tỉnh dở chiều như mê.
Tiếng sen sẽ động giấc hoè,
Bóng trăng đã xế hoa lê lại gần.

Kim répliqua : Le hasard de notre rencontre est déjà destin
La volonté humaine, souvent vainc l'acharnement du sort
Si jamais se dénoue le fil de notre amour
Sur l'autel de nos serments, ma vie je la sacrifierai
Mille et mille fois, ils se redirent de tendres paroles
La joie du printemps s'épanchait dans leurs cœurs
Avec le vin, ils savouraient l'ivresse de leur amour
Court, de moins d'un empan, paraissait le temps du bonheur
Vers l'Ouest, déjà les montagnes avaient gobé le soleil
Elle ne pouvait s'attarder; elle lui fit ses adieux
Chez elle, elle apprit qu'à dîner ses parents étaient retenus
Vite elle abaissa les stores de la porte
Et dans la nuit, fonça à travers le jardin
Dans les feuillages, la lune brodait ses lueurs et ses ombres
A la vague clarté d'une lampe, pâle luciole dans la nuit
Derrière sa tenture, Kim entendit dans un demi-rêve
Un bruit de pas, léger comme le vent sur des nénuphars
En biais un rayon de lune glissait
Faisant s'approcher une ombre avec la grâce d'une fleur

Bâng khuâng đỉnh Giáp non Thần,
Còn ngờ giấc mộng đêm xuân mơ màng.
Nàng rằng: "Khoảng vắng đêm trường,
Vì hoa nên phải đánh đường tìm hoa.
Bây giờ rõ mặt đôi ta,
Biết đâu rồi nữa chẳng là chiêm bao?"
Vội mừng làm lễ rước vào,
Đài sen nối sáp song đào thêm hương.
Tiên thề, cùng thảo một chương,
Tóc mây một món, dao vàng chia đôi.
Vầng trăng vằng vặc giữa trời,
Đinh ninh hai mặt một lời song song.
Tóc tơ căn vặn tấc lòng,
Trăm năm tạc một chữ đồng đến xương
Chén hà sánh giọng quỳnh tương,
Dải là hương lộn bình gương bóng lồng.
Sinh rằng: "Gió mát trăng trong,
"Bấy lâu nay một chút lòng chưa cam.

Vivait-il un de ces rêves qui foisonnent au printemps ?
Il entendit une douce voix : Obscure est la nuit, désert le jardin
Mais nul chemin n'est long pour qui va cueillir la fleur d'amour
Face à face, nous sommes. Demain peut-être, ce ne sera plus qu'un songe
L'accueil et la joie de Kim, sans peine on l'imagine
Il regarnit son chandelier, et la cassolette d'encens
Ensemble ils rédigèrent leur serment. De sa chevelure
Aux reflets plus beaux que ceux des nuages, Kiều prit une mèche
La coupa en deux; c'était leur gage d'amour
La lune, en plein ciel, claire et sereine, était témoin
A l'unisson ils mêlaient dires et paroles, l'un à l'autre
Se confiant les fils les plus ténus de leurs pensées
Et pour cent années, à jamais scellèrent leur destin
La coupe de liqueur comme une perle scintillait
Les rideaux de soie embaumaient, la glace enchâssait leurs images
Kim : Limpide est le clair de lune, fraîche la brise
En moi couve un vœu, depuis longtemps inassouvi

"Chày sương chưa nện cầu Lam,
"Sợ lần khân quá ra sàm sỡ chăng?"
Nàng rằng: "Hồng diệp xích thằng,
"Một lời cũng đã tiếng rằng tương tri.
"Đừng điều nguyệt nọ hoa kia,
"Ngoài ra ai lại tiếc gì với ai".
Rằng: "Nghe nổi tiếng cầm đài,
"Nước non luống những lắng tai Chung Kỳ".
Thưa rằng: "Tiện kỹ sá chi,
Đã lòng dạy đến dạy thì` phải vâng".
Hiên sau treo sẵn cầm trăng,
Vội vàng sinh đã tay nâng ngang mày.
Nàng rằng: "Nghề mọn riêng tay,
"Làm chi cho bận lòng này lắm thân!"
So dần dây vũ dây văn,
Bốn dây to nhỏ theo vần cung thương.
Khúc đâu Hán Sở chiến trường,
Nghe ra tiếng sắt tiếng vàng chen nhau.

Sur le pont Lam,[10] *le pilon de jade n'a pas encore frappé*

Mais je crains fort, par ma prière, de vous offenser

Entre nous, dit Kiều, la feuille pourpre est échangée

Les fils rouges tissés, il a suffi d'un mot pour nous unir

Laissons là les histoires de lune et de fleurs

Et sans regret aucun, je ne saurais rien vous refuser

Il dit : Grand est votre renom de musicienne

Comme Chung Kỳ[11] *, j'aurais aimé vous écoutant*

Rêver aux fleuves et monts auxquels vous pensez

De peu de talent je suis, répondit Kiều, mais à votre désir j'obéis

Une guitare pendait sur la véranda; déférent, Kim la lui présenta

Humble est mon art, dit-elle, pour mériter tant d'attention

Elle ajusta les cordes hautes et basses

La musique se déchaîna, on entendit les fers se croiser

L'or tinter : C'était la guerre entre Hán et Sở [12]

Puis venaient de longs soupirs, des gémissements de douleur

Khúc đâu Tư-mã Phượng cầu,
Nghe ra như oán như sầu phải chăng?
Kê Khang này khúc Quảng Lăng,
Một rằng lưu thủy hai rằng hành vân,
Quá quan này khúc Chiêu Quân,
Nửa phần luyến chúa nửa phần tư gia.
Trong như tiếng hạc bay qua,
Đục như tiếng suối mới sa nửa vời.
Tiếng khoan như gió thoảng ngoài,
Tiếng mau sầm sập như trời đổ mưa.
Ngọn đèn khi tỏ khi mờ,
Khiến người ngồi đó cũng ngơ ngẩn sầu.
Khi tựa gối khi cúi đầu,
Khi vò chín khúc khi chau đôi mày.
Rằng: "Hay thì thật là hay,
"Nghe ra ngậm đắng nuốt cay thế nào!
"Lựa chi những bậc tiêu tao,
"Dột lòng mình cũng nao nao lòng người?"

Tư Mã[13] *faisait pleurer un Phénix éperdu d'amour*
De Kê Khang, elle joua le morceau Quảng Lăng[14]
Voici encore le chant de l'eau qui coule, des nuages vagabonds
Et les lamentations de la belle Chiêu Quân[15] *vendue aux barbares*
Passant la frontière, elle pleurait son Roi qu'elle aimait
Et sa famille désespérée. Les notes s'égrenaient
Claires, limpides, cris d'oiseau dans la nuit
Troubles comme le fracas que fait un torrent à mi-pente
Les andantes effleuraient comme une brise légère
En trombe tombaient les allegros dans un ruissellement d'averse
Au rythme des sons, la lampe semblait briller ou s'obscurcir
Plongeant l'homme qui écoutait dans une mélancolique rêverie
Il baissait sa tête, pliait ses genoux
Fronçait ses sourcils, sentait ses entrailles se tordre
Et dit : De toute beauté est votre musique
Mais que d'amertume, que de douleur contenues !
Pourquoi choisir des accents aussi poignants
Qui blessent votre cœur, bouleversent ceux qui vous écoutent

Rằng: "Quen mất nết đi rồi,
"Tẻ vui, thôi cũng tính trời biết sao!
"Lời vàng vâng lĩnh ý cao,
"Họa dần dần bớt chút nào được không"
Hoa hương càng tỏ thức hồng,
Đầu mày cuối mắt càng nồng tấm yêu.
Sóng tình dường đã xiêu xiêu,
Xem trong âu yếm có chiều lả lơi.
Thưa rằng: "Đừng lấy làm chơi,
"Rẽ cho thưa hết một lời đã nao!
"Vẻ chi một đóa yêu đào,
Vườn hồng chi dám ngăn rào chim xanh.
"Đã cho vào bậc bố kinh,
"Đạo tòng phu lấy chữ trinh *làm đầu.*
"Ra tuồng trên Bộc trong dâu,
"Thì con người ấy ai cầu làm chi!
"Phải điều ăn xổi ở thì,
"Tiết trăm năm, nỡ bỏ đi một ngày!

Elle répondit : L'habitude en est prise

Triste ou gai, chacun n'a-t-il pas son tempérament ?

Sur vos conseils, j'y remédierai, y parviendrai-je?

La fleur montrait plus d'éclat, le parfum devenait plus prenant

Dans leurs yeux, montait ardente, la flamme de l'amour

La passion, chez Kim, s'enflait comme une houle

Une certaine licence perçait dans sa tendresse

Elle l'avertit : Ne jouons pas avec notre amour

Laissez-mois vous dire un simple mot

Fragile est la fleur du pêcher, et à l'oiseau d'azur

Je ne verrouillerai point l'entrée du jardin

Mais vous m'avez promue au rang d'épouse

Celle qui porte la bure de chanvre[16] *doit se garder pure*

Serais-je de celles qui s'ébattent au milieu des mûriers

De vous je serais indigne, et ne mériterais que mépris

Allons-nous cueillir, en passant la fleur d'un jour

Pour gâcher à jamais, l'amour de toute une vie ?

"Ngẫm duyên kỳ ngộ xưa nay,
"Lứa đôi ai lại đẹp tày Thôi Trương.
"Mây mưa đánh đổ đá vàng,
"Quá chiều nên đã chán chường yến anh.
"Trong khi chắp cánh liền cành,
"Mà lòng rẻ rúng đã dành một bên.
"Mái tây để lạnh hương nguyền,
"Cho duyên đằm thắm ra duyên bẽ bàng.
"Gieo thoi, trước chẳng giữ giàng,
"Để sau nên thẹn cùng chàng bởi ai?
"Vội chi liễu ép hoa nài,
"Còn thân ắt lại đền bồi có khi!"
Thấy lời đoan chính dễ nghe,
Chàng càng thêm nể thêm vì mười phân.
Bóng tàu vừa lạt vẻ ngân,
Tin đâu đã thấy cửa ngăn gọi vào.

*

Nàng thì vội trở buồng thêu,
Sinh thì dạo gót sân đào, bước ra.

Thôi et Trương ne formaient-ils pas le plus beau des couples[17]

Hélas, nuages et pluies eurent vite terni le jade et l'or

La fleur complaisante eut vite lassé les oiseaux du printemps

Leurs ailes s'étaient jointes, leurs rameaux entrelacés

Mais déjà se flétrissait l'amour, et couvait le mépris

L'encens du serment s'était éteint; sous le toit de la pagode

Si pur, si beau, leur amour avail sombré dans la honte

La belle Thôi aurait dû lancer sa navette[18]

Pour n'avoir plus tard à rougir de son amour

Pourquoi se hâter de briser le rameau, d'arracher la fleur

Un jour, à votre amour répondra mon amour

Droites et franches, ces paroles forcèrent le respect de Kim

Sur les feuillages, le clair de lune pâlissait

Par delà le portail, un messager s'annonça

*

Kiều se hâta de rentrer, Kim s'en fut dans le jardin

Cửa sài vừa ngỏ then hoa,
Gia đồng vào gửi thư nhà mới sang.
Đem tin thúc phụ từ đường,
Bơ vơ lữ thấn tha hương đề huề.
Liêu-dương cách trở sơn khê,
Xuân đường kíp gọi sinh về hộ tang.
Mảng tin xiết nỗi kinh hoàng,
Băng mình lẻn trước đài trang tự tình.
Gót đầu mọi nỗi đinh ninh,
Nỗi nhà tang tóc nỗi mình xa xôi:
"Sự đâu chưa kịp đôi hồi,
"Duyên đâu chưa kịp một lời trao tơ.
"Trăng thề còn đó trơ trơ,
"Dám xa xôi mặt mà thưa thớt-lòng.
"Ngoài nghìn dặm chốc ba đông,
"Mối sầu khi gỡ cho xong còn chầy!
" Gìn vàng giữ ngọc cho hay,
"Cho đành lòng kẻ chân mây cuối trời".

La porte de branchages tirée, entra un jeune messager

Terrible nouvelle : en terre étrangère son oncle était mort

Kim, mandé par son père devait se rendre

Dans le lointain Liêu Dương conduire les funérailles

Tout bouleversé, il s'élança vers les appartements de Kiều

Lui dire le deuil qui le frappait, son désespoir à s'éloigner d'elle

A peine avons-nous eu le temps de nous voir,

Triste amour ! A peine avons-nous eu un mot pour nouer nos destins

Nous voici séparés. La lune, témoin de nos serments, brille toujours

Loin de vos yeux, je serai; près de votre cœur, je jure de rester

A mille lieues d'ici, maintes saisons durant je serai

Noyé dans ma tristesse, qui de sitôt ne se dissipera

Conservez-vous, plus que le diamant, mieux que l'or

Pour qu'à l'autre bout du ciel, au delà des nuages lointains

Tại nghe ruột rối bời bời,
Ngập ngừng, nàng mới giãi lời trước sau:
"Ông tơ ghét bỏ chi nhau,
"Chưa vui sum họp đã sầu chia phôi!
"Cùng nhau đã trót nặng lời,
"Dẫu thay mái tóc dám dời lòng tơ!
"Quản bao tháng đợi năm chờ,
"Nghĩ người ăn gió nằm mưa xót thầm.
"Đã nguyền hai chữ đồng tâm,
"Trăm năm thề chẳng ôm cầm thuyền ai.
"Còn non còn nước còn dài,
"Còn về còn nhớ đến người hôm nay!"
Dùng dằng chưa nỡ rời tay,
Vầng đông trông đã đứng ngay nóc nhà.
Ngại ngùng một bước một xa,
Một lời trân trọng châu sa mấy hàng.
Buộc yên quảy gánh vội vàng,
Mối sầu sẻ nửa bước đường chia hai.

Celui qui vous aime se sente le cœur tranquille

Emue jusqu'aux entrailles, à mots entrecoupés, elle s'écria

Cruel est le Dieu qui tisse les fils de l'amour

Avant la joie d'être unis, il dispense la douleur de la séparation

Nous sommes liés par nos serments; au fil du temps

Mes cheveux changeront de teinte, pas le tréfonds de mon cœur

Je ne les compterai point, les mois, les années d'attente
A vous sans cesse je penserai, qui mangerez sous la pluie

Dormirez sous le vent; en silence je couverai ma souffrance

Pour la vie, nous nous sommes promis fidélité, je vous le jure

De ma guitare, jamais dans une autre barque, je n'irai jouer
Les monts et les fleuves dureront, notre vie est longue

De retour, toujours de vous je me souviendrai

Leurs mains restaient enlacées, ils ne pouvaient se quitter

Mais voici déjà, à hauteur du toit, les premiers rayons du jour

Chaque pas qui les séparait, chaque parole d'adieu

Brisait leur cœur, les larmes étouffaient leurs paroles

En hâte, le cheval fut sellé, les bagages noués

Chacun son chemin s'en alla, portant le faix d'une même douleur

Buồn trông phong cảnh quê người,
Đầu cành quyên nhặt cuối trời nhạn thưa.
Não người, cữ gió tuần mưa,
Một ngày nặng gánh tương tư một ngày.
Nàng còn đứng tựa hiên tây,
Chín hồi vấn vít như vầy mối tơ.
Trông chừng khói ngất song thưa,
Hoa trôi giạt thắm liễu xơ xác vàng.
Tần ngần dạo gót lầu trang,
Một đoàn mừng thọ ngoại hương mới về.
Hàn huyên chưa kịp giã giề,
Sai nha bỗng thấy bốn bề xôn xao:
Người nách thước kẻ tay đao,
Đầu trâu mặt ngựa ào ào như sôi.
Già giang một lão một trai,
Một dây vô lại buộc hai thâm tình.
Đầy nhà vang tiếng ruồi xanh,
Rụng rời khung dệt tan tành gói may.

Les paysages étrangers défilaient devant le morne voyageur
Sur les branchages, des râles d'eau égrenaient leurs cris
Un vol clairsemé d'oies sauvages piquetait le ciel
Le vent soufflait, la pluie tombait
L'homme sentait s'alourdir son mal d'amour

*

Kiều était restée, sous la véranda
Démêlant avec peine l'écheveau de son cœur
Par delà sa fenêtre, une fumée grise montait
Fleur aux vives couleurs, elle avait perdu son éclat
Le saule si frais en son printemps s'était dépouillé, jauni

Elle restait pensive, quand la famille rentra de la fête

A peine avaient-ils eu le temps de se revoir, que voici, bruyante
Une nuée de sbires fit irruption. Qui, un sabre, qui, un bâton
Têtes de buffle, faciès chevalins, c'était une cohue sans nom
Ils mirent une cangue au vieillard Vương, à son fils
Les ligotèrent ensemble, quelle infamie !
La maison s'emplit du bourdonnement de ces mouches puantes
Ils démolirent les métiers à tisser, brisèrent les boîtes à ouvrage

Đồ tế nhuyễn của riêng tây,
Sạch sành sanh vét cho đầy túi tham.
Điều đâu bay buộc ai làm?
Này ai đan giậm giật giàm bỗng dưng?
Hỏi ra sau mới biết rằng:
Phải tên xưng xuất là thằng bán tơ.
Một nhà hoảng hốt ngẩn ngơ,
Tiếng oan dậy đất án ngờ lòa mây.
Hạ từ van lạy suốt ngày,
Điếc tai lân tuất phũ tay tồi tàn.
Rường cao rút ngược dây oan,
Dẫu là đá cũng nát gan lọ người!
Mặt trông đau đớn rụng rời,
Oan này còn một kêu trời, nhưng xa!
Một ngày lạ thói sai nha,
Làm cho khốc hại chẳng qua vì tiền.
Sao cho cốt nhục vẹn tuyền,
Trong khi ngộ biến tòng quyền, biết sao?

Effets personnels, souvenirs de famille, rien ne fut épargné
Tout partait dans leurs poches gloutonnes
D'ou venait ce malheur inattendu ? Qui avait monté le piège
Dressé le traquenard ? Ils le surent par la suite
Un marchand de soie, un escroc, les avait accusés
Affolement, désarroi de la famille. On cria à l'injustice
A ébranler la terre, on clama son innocence, à émouvoir le Ciel
On supplia, s'humilia. En vain. Les oreilles restaient sourdes
Les bras continuaient leur jeu brutal
A une poutre furent suspendues les victimes
Une pierre se serait émue, que dire des hommes ?
La consternation se lisait sur tous les visages
Ils imploraient le Ciel, mais le Ciel était trop loin
Quelle engeance, ces mandarins et leurs sbires !
Pour de l'argent, quel malheur ne provoqueraient-ils pas ?
Que faire, pensait Kiều, pour sauver mes chers parents
Le malheur était là, il fallait se décider

Duyên hội ngộ đức cù lao,
Bên tình bên hiếu bên nào nặng hơn?
Để lời thệ hải minh sơn,
Làm con trước phải đền ơn sinh thành.
Quyết tình nàng mới hạ tình:
"Rẽ cho để thiếp bán mình chuộc cha!"
Họ Chung có kẻ lại già,
Cũng trong nha dịch lại là từ tâm.
Thấy nàng hiếu trọng tình thâm,
Vì nàng, nghĩ cũng thương thầm xót vay.
Tính bài lót đó luồn đây,
Có ba trăm lạng việc này mới xuôi.
Hãy về tạm phó giam ngoài,
Dặn nàng quy liệu trong đôi ba ngày.
Thương tình con trẻ thơ ngây,
Gặp cơn vạ gió tai bay bất kỳ!
Đau lòng tử biệt sinh ly,
Thân còn chẳng tiếc, tiếc gì đến duyên!

Fallait-il sacrifier cet amour noué par le destin

Ou abandonner père et mère qui vous avaient nourri ?

On avait beau se jurer un amour immense comme l'océan,
éternel comme les monts

Avant tout, il fallait payer sa dette : la piété filiale
devait l'emporter

Elle dit aux sbires : Laissez, je me vendrai et rachèterai

La liberté des miens. Le vieux Chung, homme de prétoire, mais
bon cœur

Admirant les nobles sentiments de Kiều

Lui conseilla : A l'un, à l'autre pour graisser la patte

Il faudra trois cents taëls d'or, pas moins

J'obtiendrai que les vôtres soient gardés à vue

D'ici deux trois jours, essayez de trouver la somme

Pauvre enfant, jeune et innocente, comme un typhon

Sur elle a fondu le malheur. La séparation est pire que la mort
Elle n'a point regretté sa vie, pourquoi regretterait-elle
son amour?

Hạt mưa sá nghĩ phận hèn,
Liệu đem tấc cỏ quyết đền ba xuân.
Sự lòng ngỏ với băng nhân,
Tin sương đồn đại xa gần xôn xao.
Gần miền có một mụ nào,
Đưa người viễn khách tìm vào vấn danh.
Hỏi tên, rằng: "Mã Giám Sinh",
Hỏi quê, rằng: "Huyện Lâm-thanh cũng gần".
Quá niên trạc ngoại tứ tuần,
Mày râu nhẵn nhụi áo quần bảnh bao.
Trước thầy sau tớ lao xao,
Nhà băng đưa mối rước vào lầu trang.
Ghế trên, ngồi tót sỗ sàng,
Buồng trong mối đã giục nàng kíp ra.
Nỗi mình thêm tức nỗi nhà,
Thềm hoa một bước lệ hoa mấy hàng!
Ngại ngùng giợn gió e sương,
Nhìn hoa bóng thẹn trông gương mặt dày.

La goutte de pluie a-t-elle le droit de se plaindre
Le brin d'herbe ne doit-elle pas payer sa dette au Dieu du printemps ?
Les entremetteurs flairaient la bonne affaire
La nouvelle se propagea de bouche à oreille
Une commère introduisit un client venu d'une région lointaine
Un certain Mã Giám Sinh, se disant de Lâm Thanh
Homme mûr, la quarantaine passée, rasé frais, richement vêtu
Maître devant, valets derrière, une suite bruyante fit son entrée
Derrière l'entremetteuse toute confondue en révérences
L'homme d'emblée s'installa à la place d'honneur
Et la commère de presser Kiều pour recevoir le client
Accablée par sa peine d'amour et le malheur de sa famille
Sous la véranda garnie de fleurs elle s'avança
Chaque pas lui coûtait un torrent de larmes
Fleur sous la pluie, battue par le vent, outragée par la rosée
Elle avait honte à regarder les fleurs
La glace lui renvoyait l'image de son opprobre

Mối càng vén tóc bắt tay,
Nét buồn như cúc điệu gầy như mai.
Đắn đo cân sắc cân tài,
Ép cung cầm nguyệt thử bài quạt thơ.
Mặn nồng một vẻ một ưa,
Bằng lòng khách mới tuỳ cơ dặt dìu.
Rằng: "Mua ngọc đến Lam-kiều,
"Sính nghi xin dạy bao nhiêu cho tường?"
Mối rằng: "Giá đáng nghìn vàng,
"Dớp nhà nhờ lượng người thương dám nài!"
Cò kè bớt một thêm hai,
Giờ lâu ngã giá vàng ngoài bốn trăm.
Một lời thuyền đã êm giầm,
Hãy đưa canh thiếp trước cầm làm ghi.
Định ngày nạp thái vu quy,
Tiền lưng đã sẵn việc gì chẳng xong!
Một lời cậy với Chung công,
Khất từ tạm lĩnh Vương ông về nhà.

L'entremetteuse lui prit la main, caressa ses beaux cheveux
Le visage de Kiều n'était plus qu'un chrysanthème flétri
Sa démarche était brisée, un prunier abattu
On soupesa ses talents, marchanda ses charmes
Elle dut jouer de la guitare, improviser des vers
L'homme trouva la marchandise à son goût, savoureuse, épicée
Le maquignonnage commença. Sur le pont Lam dit-il
J'ai déniché la perle il m'importe d'en savoir le prix
Une si belle fille vaut bien mille taëls d'or, dit la commère
Mais la famille accablée s'en remet à votre générosité
Sou par sou, ils marchandèrent âprement, longuement
Finalement tombèrent d'accord : quatre cents et quelques taëls d'or
Tope-là ! la sampanière pouvait prendre sa rame
Les cartes inscrites au nom des fiancés servirent de gages
Date de fiançailles, jour de mariage, tout fut rondement mené
L'homme était cousu d'argent : que ne régla-t-on pas ?
On pria le vieux scribe d'intervenir, le père fut relâché

Thương tình con trẻ cha già,
Nhìn nàng ông những máu sa ruột rầu:
"Nuôi con những ước về sau,
"Trao tơ phải lứa gieo cầu đáng nơi.
"Trời làm chi cực bấy trời!
"Này ai vu thác cho người hợp tan.
"Búa rìu bao quản thân tàn,
"Nỡ đầy đọa trẻ càng oan khốc già!
"Một lần sau trước cũng là,
"Thôi thì mặt khuất chẳng thà lòng đau!"
Theo lời càng chảy dòng châu,
Liều mình, ông rắp gieo đầu tường vôi.
Vội vàng kẻ giữ người coi,
Nhỏ to, nàng lại tìm lời khuyên can:
"Vẻ chi một mảnh hồng nhan,
"Tóc tơ chưa chút đền ơn sinh thành.
"Dâng thư đã thẹn nàng Oanh,
"Lại thua ả Lý bán mình hay sao?

Pauvre père, pauvre fille, les voici face à face

Le vieillard sentait saigner son cœur, se tordre ses entrailles

Ma fille, s'écria-t-il, que de rêves ai-je nourri pour toi

Je pensais que le Dieu du Bonheur guiderait ma main

Pour tisser les fils roses de ton mariage, jeter la balle à tes prétendants[19]

Ciel, pourquoi tant de cruauté, pourquoi ces injustices

Pourquoi nous imposer cette séparation ?

Que ce vieux tronc subisse les outrages de la hache, qu'importe!

Pourquoi torturer un enfant, pour accabler son vieux père

Tôt ou tard, il faut bien mourir. Plutôt disparaître qu'endurer ce tourment !

Des torrents de larmes accompagnaient ces paroles

Et le voici se précipitant, tête contre le mur

Chacun se pressa de le retenir. Doucement, Kiều le prit à part

Frêle enfant aux joues roses, à ceux qui m'ont vu naître

De ma dette, je n'ai payé un brin et je rougis

Devant Oanh rédigeant sa supplique ou Lý qui se vendit [20]

"Cỗi xuân tuổi hạc càng cao.
"Một cây gánh vác biết bao nhiêu cành.
"Lượng trên dù chẳng dứt tình.
"Gió mưa âu hẳn tan tành nước non.
"Thà rằng liều một thân con,
Hoa dù rã cánh lá còn xanh cây.
Phận sao đành vậy cũng vầy.
"Cầm như chẳng đỗ những ngày còn xanh.
"Cũng đừng tính quẩn lo quanh,
"Tan nhà là một thiệt mình là hai".
Phải lời ông cũng êm tai.
Nhìn nhau giọt ngắn giọt dài ngổn ngang.
Mái ngoài, họ Mã vừa sang,
Tờ hoa đã ký cân vàng mới trao.
Trăng già độc địa làm sao?
Cầm dây chẳng lựa buộc vào tự nhiên!
Trong tay đã sẵn đồng tiền,
Dầu lòng đổi trắng thay đen khó gì!

Père, vous êtes comme le tronc séculaire
Qui porte le poids des branches innombrables
Si nous ne brisons les liens qui nous attachent
Sur la famille entière, l'orage s'abattra
Il vaut mieux sacrifier ma modeste personne
Peu importe une fleur lacérée par le vent
Si l'arbre reste vert. Tel est mon destin, considérez-moi
Perdue aux premiers jours comme tombe un bourgeon
Cessez de vous ronger, cessez de vains calculs
Qui briseraient ce toit et causeraient votre perte
Le vieux père entendit raison. Il regardait sa fille
Sur leurs joues, les larmes coulaient, brûlantes, amères
Mais voici à nouveau Mã Giám Sinh et son équipage
Le contrat fut signé les pièces d'or remises
O Dieu du mariage, pourquoi te montrer si cruel
Pourquoi nouer au hasard les fils que tu tiens en main ?
On avait l'argent, ce fut chose simple de faire virer au blanc
Ce qui était noir.

Họ Chung ra sức giúp vì,
Lễ tâm đã đặt tụng kỳ cũng xong.

*

Việc nhà đã tạm thong dong,
Tinh kỳ giục giã đã mong độ về.
Một mình nàng ngọn đèn khuya,
Áo dầm giọt lệ tóc se mái sầu:
"Phận rầu, dầu vậy cũng dầu,
"Xót lòng đeo đẳng bấy lâu một lời!
"Công trình kể biết mấy mươi,
"Vì ta khăng khít cho người dở dang.
"Thề hoa chưa ráo chén vàng,
"Lỗi thề thôi đã phụ phàng với hoa!
"Trời Liêu non nước bao xa,
"Nghĩ đâu rẽ cửa chia nhà tự tôi!
"Biết bao duyên nợ thề bồi,
"Kiếp này thôi thế thì thôi còn gì?

Le vieux scribe aidant, les cadeaux remis aux autorités

Au nom de la loi, le procès fut réglé

*

L'orage était passé qui avait secoué la famille

Pour Kiều, l'échéance du grand départ pressait

Dans la nuit, seule avec sa lampe elle était restée

Sa robe noyée de larmes, les cheveux emmêlés par la douleur

Destin, si cruel sois-tu, je t'accepte mais la douleur

M'étreint à penser à celui qui m'a donné sa parole

En vain il a peiné et souffert

Mon amour s'est mis en travers de sa vie

La coupe est encore humide où nous buvions, nous jurant fidélité

Que déjà parjure, j'ai rompu mon serment d'amour

Sous les cieux de Liêu Dương, par delà fleuves et monts

Comment pourrait-il penser que sur moi a fondu le malheur ?

Serment, dette d'amour, pour cette vie, il n'est point d'espoir

Tái sinh chưa dứt hương thề,
"Làm thân trâu ngựa đền nghì trúc mai.
"Nợ tình chưa trả cho ai,
"Khối tình mang xuống tuyền đài chưa tan!"
Nỗi riêng, riêng những bàn hoàn,
Dầu chong trắng đĩa lệ tràn thấm khăn.
Thúy Vân chợt tỉnh giấc xuân,
Dưới đèn ghé đến ân cần hỏi han:
"Cơ trời dâu bể đa đoan,
"Một nhà để chị riêng oan một mình.
"Cớ chi ngồi nhẫn tàn canh,
"Nỗi riêng còn mắc mối tình chi đây?"
Rằng: "Lòng đương thổn thức đầy,
"Tơ duyên còn vướng mối này chưa xong.
"Hở môi ra cũng thẹn thùng,
"Để lòng thì phụ tấm lòng với ai!
"Cậy em, em có chịu lời,
"Ngồi lên cho chị lạy rồi sẽ thưa.

Oui, je renaîtrai, toujours liée par notre promesse
Je me ferai buffle et cheval, pour tenir parole
Pour cette vie, ma dette restera impayée
Au royaume des Ombres, j'emporterai, intact, le cristal d'amour
Seule, elle ruminait de noires pensées
L'huile se consumait dans la soucoupe
Les larmes inondaient son mouchoir
Vân, brusquement réveillée de son sommeil printanier
S'approchant sous la lampe, affectueusement demanda
Aveugles sont les coups que nous réserve le Ciel
De la famille, tu es seule ma sœur à en supporter le poids
Pourquoi t'épuiser à veiller si tard dans la nuit
Ton cœur cèlerait-il quelque amour désespéré ?
Kiều dit : Mon cœur plein à déborder, de sanglots contenus
Se perd dans les rets d'un amour, que je ne saurais dénouer
Desceller mes lèvres pour en parler, j'en aurais honte
En garder le secret, ce serait trahison
J'ai une prière à t'adresser si tu l'agrées
Devant toi je me prosterne avant que de parler

"Giữa đường đứt gánh tương tư,
"Keo loan chắp mối tơ thừa mặc em.
"Kể từ khi gặp chàng Kim,
"Khi ngày quạt ước khi đêm chén thề.
"Sự đâu sóng gió bất kỳ,
"Hiếu tình khôn lẽ hai bề vẹn hai.
"Ngày xuân em hãy còn dài,
"Xót tình máu mủ thay lời nước non.
"Chị dù thịt nát xương mòn,
"Ngậm cười chín suối hãy còn thơm lây.
"Chiếc thoa với bức tờ mây,
"Duyên này thì giữ vật này của chung.
"Dù em nên vợ nên chồng,
"Xót người mệnh bạc ắt lòng chẳng quên..
"Mất người còn chút của tin,
"Phím đàn với mảnh hương nguyền ngày xưa.
"Mai sau, dù có bao giờ
"Đốt lò hương ấy so tơ phím này.

A mi-chemin, s'est rompu le fil de mon amour
A toi, sœur, je confie le soin de recoller les liens brisés
Car, depuis ce jour où j'ai rencontré Kim
Un jour sur un éventail nous avons inscrit nos promesses
Et un soir ensemble nous avons bu le vin du serment
L'orage brusquement s'est déchaîné je ne saurais payer
Et ma dette d'amour, et ma dette filiale
Il y aura encore des beaux jours, en ton printemps
Sœur, à ma place, tu feras honneur à mon serment
Je t'en conjure, de par les liens du sang qui nous lient
Mes os pourront tomber en poussière, au royaume des morts
J'irai avec le sourire, fleurant le parfum de votre bonheur
La broche, gage de notre amour, et le texte de notre serment
Les voici : Garde ces souvenirs communs, et le fil de notre amour
Peut-être serez-vous un jour l'un à l'autre unis
Vous vous souviendrez de celle sur qui s'est acharné le malheur
Ma personne ne sera plus là, quelques souvenirs resteront
Ces touches de la guitare, un reste d'encens
S'il vous arrive de brûler cet encens, d'accorder cette guitare

"Trông ra ngọn cỏ lá cây,
"Thấy hiu hiu gió thì hay chị về.
"Hồn còn mang nặng lời thề,
"Nát thân bồ liễu đền nghì trúc mai.
"Dạ đài cách mặt khuất lời,
"Rảy xin chén nước cho người thác oan.
"Bây giờ trâm gãy gương tan,
"Kể làm sao xiết muôn vàn ái ân!
"Trăm nghìn gửi lạy tình quân,
"Tơ duyên ngắn ngủi có ngần ấy thôi.
"Phận sao phận bạc như vôi,
"Đã đành nước chảy hoa trôi lỡ làng.
"Ôi Kim lang! hỡi Kim lang!
"Thôi thôi! thiếp đã phụ chàng từ đây!"
Cạn lời, hồn ngất máu say,
Một hơi lặng ngắt đôi tay lạnh đồng.
Xuân huyên chợt tỉnh giấc nồng,
Một nhà tấp nập kẻ trong người ngoài.

Et que vous voyez trembloter au vent les herbes et les feuilles
Vous saurez qu'avec vous, un moment je serai revenue
Mon âme sera toujours lourde du poids de son serment
Mon corps, frêle comme le roseau se sera brisé pour honorer ma promesse
Au royaume des Ombres, je ne verrai vos visages, n'entendrai votre voix
Une tasse d'eau, vous verserez pour le repos d'une âme damnée
Se brisent la broche et le miroir, se brise ma jeunesse
Comment dire, hélas, l'immensité de mon amour ?
Cent fois, mille fois, à mon bien aimé, je rends un suprême hommage
Bien court est le fil qui nous a unis
Bien fragile est le sort qui m'est échu
Le flot monte, la fleur arrachée s'en va à la dérive
Kim, ô mon bien aimé Kim, le sort en est jeté
Dès à présent, je vous ai trahie !
Elle s'évanouit, son souffle s'éteignit, ses mains devinrent glacées
Les parents se réveillèrent, toute la maison était en émoi

Kẻ thang người thuốc bời bời,
Mới dàu cơn vựng chưa phai giọt hồng.
Hỏi: "Sao ra sự lạ lùng?"
Kiều càng nức nở nói không ra lời.
Nỗi nàng, Vân mới rỉ tai:
"Chiếc thoa này với tờ bồi ở đây!"
"Này cha làm lỗi duyên mày,
"Thôi thì nỗi ấy sau này đã em!
"Vì ai rụng cải rơi kim,
"Để con bèo nổi mây chìm vì ai?
"Lời con dặn lại một hai,
"Dẫu mòn bia đá dám sai tấc vàng!"
Lạy thôi, nàng mới rén chiềng:
"Nhờ cha trả được nghĩa chàng cho xuôi.
"Sá chi thân phận tôi đòi,
"Dẫu rằng xương trắng quê người quản đâu!"

*

Xiết bao kể nỗi thảm sầu!
Khắc canh đã giục nam lâu mấy hồi

Les soins furent prodigués, la crise passa, Kiều pleurait toujours
On la questionna, elle redoubla de sanglots, sans dire mot
Cette broche et ce serment que voici... expliqua Vân à mi-voix
Le père s'écria : Pour moi, tu as brisé ton amour
Les fils rompus, ta jeune sœur les renouera
Ciel, pourquoi l'aiguille doit-elle se détacher de l'aimant
La graine se décoller de l'ambre, pourquoi ma fille
Es-tu condamnée à être une herbe ballotée par les flots
Un nuage que les vents dispersent à leur gré ?
Tu nous a laissé tes dernières recommandations
Dût la pierre s'user, elles seront pour nous la règle d'or
Prosternée devant son père, Kiều lui rendit hommage
Grâce à vous, père, ma dette d'amour sera payée
Que m'importe le sort d'esclave qui m'est réservé
Que m'importe si mes os blanchiront en terre étrangère ?

*

Qui dira la désolation de l'infortunée Kiều !
Dans la nuit, à coups précipités, les tours de garde
Semblaient se hâter de marquer les veilles

Kiệu hoa đâu đã đến ngoài
Quản huyền đâu đã giục người sinh ly.
Đau lòng kẻ ở người đi,
Lệ rơi thấm đá tơ chia rũ tằm.
Trời hôm mây kéo tối rầm,
Dàu dàu ngọn cỏ đầm đầm cành sương.
Rước nàng về đến trú phường,
Bốn bề xuân khoá một nàng ở trong.
Ngập ngừng thẹn lục e hồng,
Nghĩ lòng lại xót xa lòng đòi phen:
"Phẩm tiên rơi đến tay hèn,
"Hoài công nắng giữ mưa gìn với ai!
"Biết thân đến bước lạc loài,
"Nhị đào thà bẻ cho người tình chung.
"Vì ai ngăn đón gió đông,
"Thiệt lòng khi ở đau lòng khi đi.
"Trùng phùng dù họa có khi,
"Thân này thôi có ra gì mà mong.

Le palanquin de noces, tout fleuri, à la porte attendait
Et voici les flûtes, les guitares qui poussaient aux adieux
Quelle douleur pour celle qui partait, et ceux qui restaient
Les liens tissés entre leurs cœurs s'étiraient
S'embrouillaient, tel le fil d'un ver à soie épuisé
Les larmes coulaient à attendrir les pierres
Au soir, des nuages noirs assombrissaient le ciel
Les herbes s'affaissaient, les branches s'alourdissaient de rosée
Le cortège la conduisit jusqu'à l'auberge; on l'y enferma
Alentour se répandaient les effluves d'un lascif printemps
Quelle infamie, déchoir à son âge, si verte, si rose
Son cœur se déchirait à ruminer son désespoir
En des mains viles, la fleur divine est tombée
C'était peine perdue, d'avoir voulu me garder pure
Quand notre passion ardait comme le soleil, montait comme la pluie
Ah, si j'avais su, qu'à cette déchéance je serai vouée
Kim, par toi, le nectar de la fleur aurait été cueilli
Pourquoi avoir barré le chemin à la douce brise de l'Est
Nous en souffrions et aujourd'hui, ma douleur est sans bornes
Te reverrais-je à nouveau, l'espérance sera-t-elle encor permise
Que resterait-il de ma personne ? Sur moi s'acharne le sort

"Đã sinh ra số long đong,
"Còn mang lấy kiếp má hồng được sao?"
Trên yên sẵn có con dao,
Giấu cầm nàng đã gói vào chéo khăn.
Phòng khi nước đã đến chân,
Dao này thì liệu với thân sau này.
Đêm thu một khắc một chầy,
Bâng khuâng như tỉnh như say một mình.
Chẳng ngờ gã Mã Giám Sinh,
Vẫn là một đứa phong tình đã quen.
Quá chơi lại gặp hồi đen,
Quen mồi lại kiếm ăn miền nguyệt hoa.
Lầu xanh có mụ Tú bà,
Làng chơi đã trở về già hết duyên.
Tình cờ chẳng hẹn mà nên,
Mạt cưa mướp đắng, đôi bên một phường.
Chung lưng mở một ngôi hàng,
Quanh năm buôn phấn bán hương đã lề.

Supporterais-je le noir destin des joues roses

Un couteau gisait sur le pupitre, elle le glissa dans son écharpe

J'en finirai avec mes jours, pensa-t-elle, si jamais

Montent à mes pieds les flots de la honte et du malheur

Veille après veille, la nuit s'avançait; seule elle
restait rêveuse

Sans se douter que le destin vînt à elle

En la triste personne de Mã Giám Sinh

Habitué des amours faciles, noceur à qui la chance
n'avait pas souri

Il s'était mis à chasser parmi la lune et les fleurs

De concert avec Tú Bà, une matrone des pavillons verts [21]

Une courtisane vieillissante, aux charmes déjà fanés

Le hasard fait bien les choses, la vendeuse de sciure

S'était associée avec l'escroc aux courgettes amères [22]

Ensemble ils avaient ouvert boutique, faisant commerce

De fards et de parfums, de sourires et de caresses

Dạo tìm khắp chợ thì quê,
Giả danh hầu hạ dạy nghề ăn chơi
Rủi may âu cũng sự trời,
Đoạn đường lại chọn mặt người vô duyên!
Xót nàng chút phận thuyền quyên,
Cành hoa đem bán vào thuyền lái buôn.
Mẹo lừa đã mắc vào khuôn,
Sính nghi rẻ giá nghinh hôn sẵn ngày.
Mừng thầm: "Cờ đã đến tay,
"Càng nhìn vẻ ngọc càng say khúc vàng.
"Đã nên quốc sắc thiên hương,
"Một cười này hẳn nghìn vàng chẳng ngoa!
"Về đây nước trước bẻ hoa,
"Vương tôn quý khách ắt là đua nhau.
"Hẳn ba trăm lạng kém đâu,
"Cũng đã vừa vốn còn sau thì lời.
"Miếng ngon kề đến tận nơi,
"Vốn nhà cũng tiếc của trời cũng tham.

Battant ville et campagne, racolant de soi-disant servantes

Qu'ils dressaient pour les jeux et plaisirs

Chance et malheur, qui peut pénétrer les desseins du Ciel ?

Sur une femme accablée, le sort avait jeté son choix

Triste destin, pour une jeune fille pure et innocente

Fleur vendue en sa jeunesse à de vils maquignons

Le piège était bien monté : fiançailles, mariage

L'homme exultait, le drapeau d'honneur lui est échu

Plus il contemplait sa conquête, plus il sentait monter son désir

Où trouver pareille beauté, vrai parfum des dieux

Sans mentir, son seul sourire vaut mille taëls d'or

Quand elle sera chez nous, pour en cueillir la primeur

Nobles princes, clients cossus, sûrement se disputeront

Rien que cela vaudra au bas mot, trois cent taëls
On aura amorti le capital, le reste sera tout bénéfice
Quel morceau de choix, à portée de mes lèvres
Ce serait gâcher son bien, mais la tentation était grande

"Đào tiên đã bén tay phàm,
"Thì vin cành quít cho cam sự đời!
"Dưới trần mấy mặt làng chơi,
"Chơi hoa đã dễ mấy người biết hoa.
"Nước vỏ lựu máu mào gà,
"Mượn màu chiêu tập lại là còn nguyên.
"Mập mờ đánh lận con đen,
"Bao nhiêu cũng bấy nhiêu tiền, mất chi?
"Mụ già hoặc có điều gì,
"Liều công mất một buổi quỳ mà thôi.
"Vả đây đường sá xa xôi,
"Mà ta bất động nữa người sinh nghi".
Tiếc thay một đóa trà mi,
Con ong đã tỏ đường đi lối về!
Một cơn mưa gió nặng nề,
Thương gì đến ngọc tiếc gì đến hương.
Đêm xuân một giấc mơ màng,
Đuốc hoa để đó mặc nàng nằm trơ!

Ce fruit divin, le voici au bout de mes mains profanes

Cueillons le rameau, buvons à notre soif

Combien parmi nos clients qui, en quête de plaisirs

Caressent les fleurs, et en connaissent les secrets ?

Une infusion d'écorce de grenadier, du sang de coq

Quelques apprêts et les apparences seront sauves

Ils n'y verront goutte, les tarifs seront maintenus

Si la vieille me cherchait noise, j'en serais quitte

Pour un moment de pénitence à genoux. D'ailleurs

Le voyage sera long, m'abstenir c'est éveiller les soupçons

Hélas, la tendre fleur connut l'outrage du bourdon

Dans ses replis les plus secrets, le vil insecte
vint butiner

La bourrasque se déchaîna dans toute sa fureur

Sans pitié pour la perle, sans égard pour le parfum

Cette nuit de printemps fut une nuit de cauchemar

Kiều maintenant gisait seule sous les torches encor fumantes

Giọt riêng tầm tã tuôn mưa,
Phần căm nỗi khách phần dơ nỗi mình:
"Tuồng chi là giống hôi tanh,
"Thân nghìn vàng để ô danh má hồng!
"Thôi còn chi nữa mà mong,
"Đời người thôi thế là xong một đời!"
Giận duyên tủi phận bời bời,
Cầm dao nàng đã toan bài quyên sinh.
Nghĩ đi nghĩ lại một mình:
"Một mình thì chớ hai tình thì sao?
"Sau dầu sinh sự thế nào,
"Truy nguyên chẳng kẻo lụy vào song thân.
"Nỗi mình âu cũng giãn dần,
"Kíp chầy thôi cũng một lần mà thôi!"
Những là đo đắn ngược xuôi,
Tiếng gà nghe đã gáy sôi mái tường.
Lầu mai vừa rúc còi sương,
Mã Sinh giục giã vội vàng ra đi,

Elle pleurait à torrents, dégoûtée d'elle-même

Eclatant de haine contre l'homme. Quelle immonde créature !

Ce corps précieux comme l'or, ces joues roses vouées à l'infamie

Que reste-t-il à espérer ? En être là, c'est bien la fin

Furieuse contre son destin, dépitée de son sort

Elle saisit son couteau, pour attenter à ses jours

Elle se ravisa : passe pour moi-même

Mais pour ceux qui me sont chers, qu'en sera-t-il ?

La justice s'acharnera encore sur les parents

Il faut me faire une raison, tôt ou tard l'inévitable doit arriver

Longtemps elle soupesa le pour et le contre

Déjà par delà les murs, jaillit le chant du coq

Au mirador, le cor sonna dans la brume matinale

Mã Giám Sinh se pressa de donner l'ordre du départ

Đoạn trường thay lúc phân kỳ!
Vó câu khấp khểnh bánh xe gập ghềnh.
Bề ngoài mười dặm trường đình,
Vương ông mở tiệc tiễn hành đưa theo.
Ngoài thì chủ khách dập dìu,
Một nhà huyên với một Kiều ở trong.
Nhìn càng lã chã giọt hồng,
Rỉ tai, nàng mới giãi lòng thấp cao:
"Hổ sinh ra phận thơ đào,
"Công cha nghĩa mẹ, kiếp nào trả xong!
"Lỡ làng nước đục bụi trong,
"Trăm năm để một tấm lòng từ đây.
"Xem gương trong bấy nhiêu ngày,
"Thân con chẳng kẻo mắc tay bợm già.
"Khi về bỏ vắng trong nhà,
"Khi vào dùng dắng khi ra vội vàng.
"Khi ăn khi nói lỡ làng,
"Khi thầy khi tớ, xem thường xem khinh.

O tragédie de la séparation ! Sur une route malaisée

Les chevaux trébuchaient, la voiture cahotait

Au premier relai de dix lieues, le père offrit le repas d'adieu

Hôtes et convives banquetèrent dehors

A l'intérieur, la mère et la fille se tenaient compagnie

Elles se regardaient, pleurant à chaudes larmes

Dans un murmure, à sa mère Kiều confia

J'ai honte d'être née fille, frêle et fragile

Pourrais-je jamais payer ma dette filiale

A présent, l'onde se trouble, la poussière se fait limpide

Je ne puis que vous léguer mon cœur, à jamais

Mère, à en juger par ses faits et gestes de ces jours

J'ai bien peur d'être entre les mains d'un escroc

Arrivant, il me laisse seule; il entre, l'air gêné

Sortant, il semble s'enfuir, lâche sans égard ses paroles

Ses domestiques ne le respectent, ni le craignent

"Khác màu kẻ quý người thanh,
"Ngẫm ra cho kỹ như hình con buôn.
"Thôi con còn nói chi con,
"Sống nhờ đất khách thác chôn quê người!"
Vương bà nghe bấy nhiêu lời,
Tiếng oan đã muốn vạch trời kêu lên.
Vài tuần chưa cạn chén khuyên,
Mái ngoài, nghỉ đã giục liền ruổi xe.
Xót con lòng nặng chề chề,
Trước yên, ông đã nằn nì thấp cao:
"Chút thân yếu liễu thơ đào,
"Dớp nhà đến nỗi dấn vào tôi ngươi.
"Từ đây góc bể bên trời,
"Nắng mưa thui thủi quê người một thân,
"Nghìn tầm nhờ bóng tùng quân,
"Tuyết sương che chở cho thân cát đằng".

Rien d'un homme noble et distingué, mais à bien regarder
Il a toutes les apparences d'un maquignon
Mère, bientôt ta fille ne sera plus tienne
Une terre étrangère lui servira d'asile, puis de tombeau
La mère, à ces paroles, voulait jusqu'au ciel crier justice
Elle eut juste le temps de vider la coupe des adieux
Dehors, déjà l'homme pressait les voitures de partir
Le père, tout meurtri de voir souffrir sa fille
S'accrochant à la selle de Mã Giám Sinh, supplia
Frêle rameau de saule, fragile fleur de pêcher
Est ma fille; le malheur des siens en fait une esclave
Perdue elle sera dans le vaste océan, sous des cieux lointains
Soyez le grand pin qui prend sous son ombre
Contre neige et rosée, la pauvre herbe rampante à ses pieds

Cạn lời, khách mới thưa rằng:
"Buộc chân thôi cũng xích thằng nhiệm trao.
"Mai sau dầu đến thế nào,
"Kìa gương nhật nguyệt nọ dao quỷ thần!"
Đùng đùng gió giục mây vần,
Một xe trong cõi hồng trần như bay.
Trông vời gạt lệ chia tay,
Góc trời thăm thẳm ngày ngày đăm đăm.

*

Nàng thì dặm khách xa xăm,
Bạc phau cầu giá đen rầm ngàn mây.
Vi lô san sát hơi may,
Một trời thu để riêng ai một người.
Dặm khuya ngất tạnh mù khơi,
Thấy trăng mà thẹn những lời non sông!
Rừng thu từng biếc xen hồng,
Nghe chim như nhắc tấm lòng thần hôn!

L'homme répondit : Nous sommes maintenant unis
Par les liens sacrés du mariage, si jamais je me parjure
Que la lune et le soleil en soient témoins
Que sur moi tombe le glaive des dieux !
A un train d'enfer, poussée par les vents et les nuages
La voiture disparut dans un tourbillon de poussière rose
Essuyant leurs larmes, longtemps les Vương la suivaient des yeux
Jour après jour, leur regard sur ce pan d'horizon restait braqué

*

Loin, loin, la route menait Kiều à travers des paysages étrangers
Ponts tout blancs de givre, cols de nuages noirs encombrés
Roseaux frileux qui se serraient au souffle du vent
Pour elle seule, le ciel d'automne versait sa mélancolie
La nuit, sous un ciel haut, dans la brume à perte de vue
La lune lui rappelait, ô honte, son serment
Qu'elle avait voulu pérenne comme fleuves et monts
L'automne semait des taches d'or dans les vertes forêts
Les oiseaux pépiaient, la faisant penser aux parents désolés

Những là lạ nước lạ non,
Lâm Tri vừa một tháng tròn tới nơi.
Xe châu dừng bánh cửa ngoài,
Rèm trong đã thấy một người bước ra.
Thoắt trông nhờn nhợt màu da,
Ăn gì cao lớn đẫy đà làm sao?
Trước xe lơi lả han chào,
Vâng lời, nàng mới bước vào tận nơi.
Bên thì mấy ả mày ngài,
Bên thì ngồi bốn năm người làng chơi.
Giữa thì hương án hẳn hoi,
Trên treo một tượng trắng đôi lông mày.
Lầu xanh quen lối xưa nay,
Nghề này thì lấy ông này tiên sư.
Hương hoa hôm sớm phụng thờ,
Cô nào xấu vía có thưa mối hàng,

Des fleuves étrangers succédaient à des montagnes inconnues

Un mois se passa, on arriva à Lâm Tri

Devant un portail la voiture s'arrêta

Poussant un store, une dame s'avança : teint blafard

Mais quelle corpulence, quel appétit doit-elle avoir ?

Sans gêne, elle s'empressa autour de la nouvelle venue

A son invitation, Kiều fit son entrée dans la maison

D'un côté c'étaient quelques filles aux sourcils peints

De l'autre des clients, au milieu un autel fleurant l'encens

Au mur, l'image d'un génie aux sourcils blancs

La coutume était dans les pavillons verts

De se placer sous le patronage de cette divinité

De lui offrir matin et soir fleurs et encens

Quand une pensionnaire n'attirait plus la clientèle

Cởi xiêm trút áo sỗ sàng,
Trước thần sẽ nguyện mảnh hương lầm dầm.
Đổi hoa lót xuống chiếu nằm,
Bướm ong bay lại ầm ầm tứ vi!
Kiều còn ngơ ngẩn biết gì,
Cứ lời lạy xuống mụ thì khấn ngay:
"Cửa hàng buôn bán cho may,
"Đêm đêm hàn thực ngày ngày nguyên tiêu.
"Muôn nghìn người thấy cũng yêu,
"Xôn xao anh yến dập dìu trúc mai!
"Tin nhạn vẩn lá thơ bời,
"Đưa người cửa trước rước người cửa sau!"
Lạ tai nghe chửa biết đâu,
Xem tình ra cũng những màu dở dang.
Lễ xong hương hỏa gia đường,
Tú bà vắt nóc lên giường ngồi ngay.

Enlevant robe et corsage, elle brûlait une baguette d'encens

Devant le saint patron, lui adressait prière sur prière

Renouvelant les fleurs de l'autel, elle en mettait sous sa couche

Et les galants de revenir papillonner autour d'elle

Kiều, toute désemparée, au commandement se prosterna

La vieille se mit à prier : Que prospèrent nos affaires

Que se suivent les jours de fête et les nuits d'orgie

Que par milliers les clients tombent sous ton charme

Que se pressent hirondelles et loriots, dans un bruyant concert

Sur les bambous et pruniers qui frissonnent à l'unisson

Qu'affluent billets doux et lettres d'amour

A peine un client est-il sorti par le portail

Qu'aussitôt, dans l'alcôve, tu en accueilles un autre

Kiều ne saisit pas tout le sens de ces paroles

Elle se sentit prise dans les rets d'une louche entreprise
Tú Bà, son offrande faite aux génies du foyer

D'un bond s'installa sur le grand lit, criant ses ordres

Dạy rằng: "Con lạy mẹ đây,
"Lạy rồi sang lạy cậu mày bên kia".
Nàng rằng: "Phải bước lưu ly,
"Phận hèn vâng đã cam bề tiểu tinh.
"Điều đâu lấy yến làm anh,
"Ngây thơ chẳng biết là danh phận gì?
"Đủ điều nạp thái vu quy,
"Đã khi chung chạ lại khi đứng ngồi.
"Giờ ra thay bậc đổi ngôi,
"Dám xin gửi lại một lời cho minh."
Mụ nghe nàng nói hay tình,
Bấy giờ mới nổi tam bành mụ lên:
"Này này sự đã quả nhiên,
"Thôi đà cướp sống chồng min đi rồi!
"Bảo rằng đi dạo lấy người,
"Đem về rước khách kiếm lời mà ăn.

Ma fille, prosterne-toi devant ta mère que voici

Et puis à ton père que voilà, fais tes salutations

Kiều dit : Dans le malheur, je me suis résignée à me vendre

Comme épouse de second rang; j'ai du mal à comprendre

Cette confusion, et à quel rôle on me destine ici

Tout était en règle : fiançailles et mariage

Nous avons partagé l'intimité des époux

Maintenant les rôles sont changés, de grâce, éclairez-moi

Tú Bà comprit ce qui s'était passé, sa fureur se déchaîna

Ainsi donc, mon mari est devenu ta proie

Il devait racoler de jeunes et gentes personnes

Pour le plaisir des clients, et le profit de nos affaires

"Tuồng vô nghĩa ở bất nhân,
"Buồn mình trước đã tần mần thử chơi.
"Màu hồ đã mất đi rồi,
"Thôi thôi vốn liếng đi đời nhà ma!
"Con kia đã bán cho ta,
"Nhập gia, phải cứ phép nhà tao đây!
"Lão kia có giở bài bây,
"Chẳng văng vào mặt mà mày lại nghe!
"Cớ sao chịu trót một bề,
"Gái tơ mà đã ngứa nghề sớm sao!
"Phải làm cho biết phép tao!"
Giật bì tiên rắp sấn vào rà tay.
Nàng rằng: "Trời thẳm đất dày!
"Thân này đã bỏ những ngày ra đi!
"Thôi thì thôi có tiếc gì!"
Sẵn dao tay áo tức thì giở ra.

Le scélérat ! ça l'a fouaillé, il s'est servi en premier
La marchandise est déflorée, adieu bénéfice
et capital
Et toi, qui m'est vendue, de cette maison tu en
subiras les rigueurs
Quand le vieux satyre a tenté sa saloperie
Tu t'es offerte, au lieu de lui jeter une claque à
la figure
Tu t'es laissée faire, garce, si jeune, et si vicieuse
Attends, tu vas faire connaissance avec ma loi
La mégère s'avança, serrant dans sa main un fouet
en cuir
Kiều s'exclama : La Terre m'est cruelle, le Ciel
sans cœur
Ma vie est sacrifiée du jour où j'ai quitté
les miens
Sans regret, je lui dis adieu. Elle sortit son couteau

Sợ gan nát ngọc liều hoa,
Mụ còn trông mặt nàng đà quá tay.
Thương ôi, tài sắc bậc này,
Một dao oan nghiệp dứt dây phong trần!
Nỗi oan vỡ lở xa gần,
Trong nhà người chật một lần như nêm.
Nàng thì bằn bặt giấc tiên,
Mụ thì cầm cập mặt nhìn hồn bay.
Vực nàng vào chốn hiên tây,
Cắt người coi sóc rước thầy thuốc men.
Nào hay chưa hết trần duyên,
Trong mê dường đã đứng bên một nàng.
Rỉ rằng :"Nhân quả dở dang,
"Đã toan trốn nợ đoạn trường được sao?
"Số còn nặng nghiệp má đào,
"Người dù muốn quyết trời nào đã cho!
"Hãy xin hết kiếp liễu bồ,
"Sông Tiền-đường sẽ hẹn hò về sau".

La vieille prit peur, la dévisagea, mais le gesteétait fait

Adieu, beauté, talent, il suffit d'un coup de couteau

Pour trancher impitoyablement tout lien avec ce monde de poussière

La nouvelle se répandit en traînée de poudre, une foule
compacte envahit la maison

Kiều semblait dormir pour toujours, la vieille tremblante en
perdait ses esprits

L'infortunée fut transportée dans une pièce intérieure

On lui donna des soins, et fit quérir un médecin

Kiều n'était pas quitte, des liens l'attachaient encore à ce monde

Dans son coma, une jeune femme apparut qui lui glissa à l'oreille

La ronde des causes et des effets ne saurait s'interrompre

Vous ne pouvez vous dérober à votre dette de souffrance

Beauté aux joues roses, vous en portez le lourd destin

L'homme voudrait-il en trancher le fil que le Ciel ne le permettrait pas

Menez jusqu'à son terme votre existence de frêle créature

Pour plus tard, au fleuve Tiền Đường, je vous donne rendez-vous

Thuốc thang suốt một ngày thâu,
Giấc mê nghe đã dàu dàu vừa tan.
Tú bà chực sẵn bên màn,
Lựa lời khuyên giải mơn man gỡ dần:
"Một người dễ có mấy thân,
"Hoa xuân đương nhụy ngày xuân còn dài.
"Cũng là lỡ một lầm hai,
"Đá vàng sao nỡ ép nài mưa mây.
"Lỡ chân trót đã vào đây,
"Khoá buồng xuân để đợi ngày đào non.
"Người còn thì của hãy còn,
"Tìm nơi xứng đáng là con cái nhà.
"Làm chi tội báo oan gia,
"Thiệt mình mà hại đến ta hay gì?"
Kề tai mấy nỗi nằn nì,
Nàng nghe dường cũng thị phi rạch ròi.
Vả trong thần mộng mấy lời,
Túc nhân âu cũng có trời ở trong.

Une journée de soins, et Kiều sortait peu à peu de sa torpeur
Près du lit, Tú Bà aux aguets, chercha à l'amadouer
Nous ne vivons qu'une fois; pareille tu es à la fleur
En son printemps, des beaux jours te sont encore promis
Entre nous, le malentendu est devenu erreur; je n'aurai plus le cœur
Te sachant si digne, te contraindre à de frivoles amours
Tu t'es fourvoyée ici, enferme-toi maintenant à clé
Garde la fraîcheur de ton printemps, dans l'attente du bonheur
Tant qu'on vit, l'espoir est toujours permis
On te cherchera quelqu'un de bonne famille, digne de toi
Pourquoi provoquer le sort, s'attirer le malheur
Te perdre à jamais, et du coup me ruiner ?
Insinuantes, susurrées à l'oreille avec insistance
Ces paroles parurent à Kiều chargées de sens et de raison
D'ailleurs, le songe qu'elle a eu, ne rappelle-t-il pas
Qu'on ne saurait contre la volonté du Ciel, échapper à son karma

Kiếp này nợ trả chưa xong,
Làm chi thêm một nợ chồng kiếp sau!
Lặng nghe ngẫm nghĩ gót đầu,
Thưa rằng: "Ai có muốn đâu thế này,
"Được như lời thế là may,
"Hẳn rằng mai có như rày cho chăng!
"Sợ khi ong bướm đãi đằng,
"Đến điều sống đục sao bằng thác trong!"
Mụ rằng: "Con hãy thong dong,
"Phải điều lòng lại dối lòng mà chơi!
"Mai sau ở chẳng như lời,
"Trên đầu có bóng mặt trời rạng soi".
Thấy lời quyết đoán hẳn hoi,
Đành lòng, nàng cũng sẽ nguôi nguôi dần.
Trước lầu Ngưng-bích khoá xuân,
Vẻ non xa tấm trăng gần ở chung.
Bốn bề bát ngát xa trông,
Cát vàng cồn nọ bụi hồng dặm kia.
Bẽ bàng mây sớm đèn khuya,
Nửa tình nửa cảnh như chia tấm lòng.

Une dette reste-t-elle impayée dans cette vie, à quoi bon ?
Elle viendra surcharger le fardeau d'une existence future
Elle écoutait en silence, attentive, et dit :
Je n'ai nullement cherché le malheur, puis-je espérer
Que seulement vos paroles deviennent réalité
Mais demain tiendra-t-il les promesses d'aujourd'hui ?
J'ai bien peur, bientôt frelons et papillons assiégeront la fleur
Alors, mieux vaut mourir pure que vivre dans la boue
Prends patience, ma fille, dit la commère
Je te sais femme de cœur, mon cœur ne saurait te tromper
Si jamais je manquerai à ma parole
Que le soleil qui brille sur nos têtes en soit témoins
Ces paroles catégoriques rassurèrent Kiều. On la cloîtra
Au pavillon Bel-Azur, seule avec sa beauté printanière
Au loin se profilaient les silhouettes des montagnes
Comme la lune toute proche, elles lui tenaient compagnie
Alentour, à perte de vue, s'étendait le sable doré des dunes
Et tourbillonnait la poussière rose des chemins
Les nuages empourprés par l'aurore, la lampe vacillante dans la nuit
La remplissaient de confusion. Le paysage qu'elle contemplait
Les soucis qu'elle ruminait se partageaient son cœur

Tưởng người dưới nguyệt chén đồng,
Tin sương luống những rày trông mai chờ.
Bên trời góc bể bơ vơ,
Tấm son gột rửa bao giờ cho phai.
Xót người tựa cửa hôm mai,
Quạt nồng ấp lạnh, những ai đó giờ?
Sân Lai cách mấy nắng mưa,
Có khi gốc tử đã vừa người ôm.
Buồn trông cửa bể chiều hôm,
Thuyền ai thấp thoáng cánh buồm xa xa.
Buồn trông ngọn nước mới sa,
Hoa trôi man mác biết là về đâu?
Buồn trông nội cỏ dàu dàu.
Chân mây mặt đất một màu xanh xanh,
Buồn trông gió cuốn mặt duềnh,
Ầm ầm tiếng sóng kêu quanh ghế ngồi.

*

Chung quanh những nước non người,
Đau lòng lưu lạc nên vài bốn câu.

Où est celui qui sous la lune vidait la coupe d'amour
Jour après jour, en vain il attend de mes nouvelles
En ce rivage perdu, sous ces cieux lointains
L'amour, vermeil en mon cœur, ne se fanera pas de sitôt
Quelle pitié de penser aux parents qui, matin et soir
Sur le seuil, scrutent l'horizon sans plus d'espoir
Qui à présent, les évente en été, les couvre en hiver ?
Dans la cour de la maison natale, combien de fois déjà
Le soleil a dardé, la pluie a tombé
Le tronc de catalpa doit maintenant avoir bien vieilli[23]
Tristement elle regardait l'estuaire à la tombée du soir
Au loin, des voiles apparaissaient, disparaissaient
Emportant on ne sait quels voyageurs
Tristement elle regardait le fleuve rouler ses flots
Où pouvaient bien atterrir ces fleurs à la dérive
Tristement elle regardait la plaine où l'herbe se fanait
Le ciel et la terre se confondaient dans un vert indistinct
Tristement elle regardait le vent s'engouffrer dans la baie
La clameur des vagues montait jusqu'autour de son siège

*

Ces fleuves, ces monts, tout lui était étranger
Elle récita quelques vers, disant sa douleur d'exilée

Ngậm ngùi rủ bức rèm châu,
Cách tường nghe có tiếng đâu họa vần.
Một chàng vừa trạc thanh xuân,
Hình dung chải chuốt áo khăn dịu dàng.
Nghĩ rằng cũng mạch thư hương,
Hỏi ra mới biết rằng chàng Sở Khanh.
Bóng nga thấp thoáng dưới mành,
Trông nàng, chàng cũng ra tình đeo đai:
"Than ôi! sắc nước hương trời,
Tiếc cho đâu bỗng lạc loài đến đây?
"Giá đành trong nguyệt trên mây,
"Hoa sao hoa khéo đọa đầy bấy hoa?
"Tức gan riêng giận trời già,
"Lòng này ai tỏ cho ta, hỡi lòng?
"Thuyền quyên ví biết anh hùng,
"Ra tay tháo cũi sổ lồng như chơi!"
Song thu đã khép cánh ngoài,
Tai còn đồng vọng mấy lời sắt đanh.

Et, mélancolique, baissa ses rideaux. Par delà le mur
On entendit une voix répondre, déclamant sur la même rime
Un jeune homme apparut, dans la fleur de l'âge
Soigné, élégant, bien peigné, habillé avec goût
Certainement, pensa t-elle, un lettré de bonne famille
Renseignements pris, c'était Monsieur Sở Khanh
A travers les rideaux, il avait entrevu la silhouette de Kiều
Apparemment, il manifestait pour elle un tendre attachement
Comment, s'écria-t-il, cette beauté unique, ce parfum des dieux
A-t-elle pu s'égarer, se fourvoyer en ces lieux ?
Alors qu'au delà des nuages, dans un palais lunaire, elle devrait siéger
Quelle triste déchéance pour une si belle fleur ?
La colère gronde en moi, contre ce vieux Ciel perfide
O mon cœur, qui pourrait comprendre ce que tu ressens ?
A, si la belle savait qu'un héros est là
Prêt à briser la cage, libérer l'oiseau
Pour lui ce ne serait qu'un jeu
Ses volets tirés, Kiều entendait encore résonner ces paroles altières
Elle pensa à l'homme, pensa à son propre sort

Nghĩ người thôi lại nghĩ mình,
Cầm lòng chua xót lạt tình bơ vơ.
Những là lần lữa nắng mưa,
Kiếp phong trần biết bao giờ là thôi?
Đánh liều nhắn một hai lời,
Nhờ tay tế độ vớt người trầm luân.
Mảnh tiên kể hết xa gần,
Nỗi nhà báo đáp nỗi thân lạc loài.
Tan sương vừa rạng ngày mai,
Tiện hồng nàng mới nhắn lời gửi sang.
Trời tây lãng đãng bóng vàng,
Phục thư đã thấy tin chàng đến nơi.
Mở xem một bức tiên mai,
Rành rành tích việt có hai chữ đề.
Lấy trong ý tứ mà suy:
"Ngày hai mươi mốt tuất thì, phải chăng?"
Chim hôm thoi thót về rừng,
Đóa trà mi đã ngậm gương nửa vành.

Touchée de cette compassion, se sentit moins seule

Sans fin, les jours de pluie succédaient aux jours de soleil

Quand donc finirais-je de traîner dans le vent et
la poussière ?

Armons-nous de courage, écrivons à l'homme quelques mots

Qu'il tende une main secourable à une malheureuse noyée

Dans sa lettre, elle lui confia toute son histoire

Ses obligations filiales, et ses infortunes

A peine la brume du matin s'était-elle dissipée

Que la missive partit. A peine le ciel se dorait-il des couleurs du
couchant

Que la réponse arriva : sur un beau papier à fleurs

Deux beaux idéogrammes, Tích Việt étaient tracés

Pour qui sait lire, l'allusion était claire :

Rendez-vous au vingt-et-un, à l'heure Tuất[24]

Au soir les oiseaux isolés regagnaient les forêts

Par dessus les camélias, émergea la lune

Tường đông lay động bóng cành,
Rẽ song đã thấy Sở Khanh lẻn vào.
Sượng sùng đánh dạn ra chào,
Lạy thôi nàng mới rỉ trao ân cần
Rằng: "Tôi bèo bọt chút thân,
"Lạc đàn mang lấy nợ nần yến anh.
"Dám nhờ cốt nhục tử sinh,
"Còn nhiều kết cỏ ngậm vành về sau!"
Lặng nghe lẩm nhẩm gật đầu:
"Ta đây nào phải ai đâu mà rằng!
"Nàng đà biết đến ta chăng,
"Bể trầm luân, lấp cho bằng mới thôi".
Nàng rằng: "Muôn sự ơn người,
"Thế nào xin quyết một bài cho xong".
Rằng: "Ta có ngựa truy phong.
"Có tên dưới trướng vốn dòng kiện nhi.
"Thừa cơ lẻn bước ra đi,
"Ba mươi sáu chước, chước gì là hơn.

Du côté du mur on vit remuer l'ombre des feuillages
Se glissant à travers la porte, Sở Khanh lestement entra
Toute confuse, Kiều se résolut à l'accueillir
Se confondit en salutations et lui confia à mi-voix
Je suis comme l'écume perdue dans la furie des flots
Oiseau égaré, que guette le filet de l'oiseleur
Vous me sauvez la vie, puis-je vous l'implorer
Je nouerai sous vos pieds les liens de ma reconnaissance
Sở Khanh écoutait, sans dire mot, puis hochant la tête, murmura
Pensez donc ! Je ne suis point comme les autres
Vous m'avez fait confiance, je ne m'en tiendrai pas quitte
Avant de combler cet océan d'infortune
Je ne puis que m'en rapporter à votre bonté, dit-elle
Prenez une décision, je vous en supplie, pour en finir
J'ai, dit-il, un coursier rapide comme le vent, un valet robuste
L'occasion est belle, enfuyons-nous
Il n'y a pas trente-six façons de s'en sortir

"Dù khi gió kép mưa đơn,
"Có ta đây cũng chẳng cơn cớ gì!"
Nghe lời, nàng đã sinh nghi,
Song đà quá đỗi quản gì được thân.
Cũng liều nhắm mắt đưa chân,
Mà xem con tạo xoay vần đến đâu!
Cùng nhau lẻn bước xuống lầu,
Song song ngựa trước ngựa sau một đoàn.
Đêm thu khắc lậu canh tàn,
Gió cây trút lá trăng ngàn ngậm gương.
Lối mòn cỏ nhợt màu sương,
Long quê đi một bước đường một đau.
Tiếng gà xao xác gáy mau,
Tiếng người đâu đã mái sau dậy dàng.
Nàng càng thổn thức gan vàng,
Sở Khanh đã rẽ dây cương lối nào!
Một mình khôn biết làm sao,
Dặm rừng bước thấp bước cao hãi hùng.

Il pourra pleuvoir ou venter
Je serai là, rien ne pourra vous arriver
Ces paroles éveillèrent des soupçons chez Kiều
Trop engagée, elle ne put penser aux éventuels dangers
Il fallait suivre son chemin, les yeux fermés
Pour voir jusqu'où le Ciel pouvait bien vous mener
Furtivement, ils descendirent ensemble l'escalier
Montèrent à cheval, chevauchant l'un derrière l'autre
Les veilles passaient, la clepsydre se vidait, goutte à goutte
La nuit d'automme s'écoulait; le vent effeuillait les arbres
La lune, à travers les branchages, comme un miroir brillait
Une pâle rosée couvrait l'herbe sur les pistes désertes
Son cœur, plein de nostalgie, se serrait à chaque pas
Voici que les coqs, en notes précipitées chantèrent
Et derrière eux, des voix se firent entendre
Le cœur de Kiều battait à se rompre
Sở Khanh avait tourné bride, Dieu sait, dans quelle direction
La voici seule, en proie à une indicible frayeur
Dans l'épaisse forêt, que faire ? Avancer, revenir sur ses pas ?

Hóa nhi thật có nỡ lòng,
Làm chi giày tía vò hồng lắm nau!
Một đoàn đổ đến trước sau,
Vuốt đâu xuống đất cánh đâu lên trời.
Tú bà tốc thẳng đến nơi,
Hăm hăm áp điệu một hơi lại nhà.
Hung hăng chẳng hỏi chẳng tra,
Đang tay vùi liễu dập hoa tơi bời.
Thịt da ai cũng là người,
Lòng nào hồng rụng thắm rời chẳng đau.
Hết lời thú phục khẩn cầu,
Uốn lưng thịt đổ giập đầu máu sa.
Rằng: "Tôi chút phận đàn bà,
"Nước non lìa cửa lìa nhà đến đây.
"Bây giờ sống thác ở tay,
"Thân này đã đến thế này thì thôi!
"Nhưng tôi có sá chi tôi,
"Phận tôi đành vậy vốn người để đâu?

O Créateur, pourquoi tant de cruauté, pourquoi s'obstiner
A piétiner une fleur, à souiller ses coloris pourpre et rose ?
Une bande nombreuse se précipita sur elle
Que n'eut-elle des ailes pour s'envoler, des griffes pour se terrer?
Tú Bà était là : elle fonça sur Kiều, d'une seule traite, la ramena à la maison
Et sans un mot, dans sa furie déchaînée
S'acharna sur la pauvre fleur, broya son corps frêle comme le saule
Quelle souffrance pour un être de chair et de sang
Quelle douleur à voir martyriser une rose si vermeille ?
La pauvre fille s'essoufflait à faire ses aveux, à demander grâce
De son dos ployé se détachaient des lambeaux de chair
De sa tête écrasée contre le sol, ruisselait le sang
Je ne suis qu'une pauvre femme, supplia-t-elle
Arrachée à sa famille, venue s'échouer en ces lieux
Vous disposez de ma vie; je n'ai rien à espérer pour moi-même
Ma personne ne compte plus, j'accepte mon sort, mais que dire de votre argent ?

"Thân lươn bao quản lấm đầu,
"Chút lòng trinh bạch từ sau xin chừa".
Được lời mụ mới tùy cơ,
Bắt người bảo lĩnh làm tờ cung chiêu.
Bày vai có ả Mã Kiều,
Xót nàng ra mới đánh liều chịu đoan.
Mụ càng kể nhặt kể khoan,
Gạn gùng đến mực nồng nàn mới tha.
Vực nàng vào nghỉ trong nhà,
Mã Kiều lại ngỏ ý ra dặn lời:
"Thôi đà mắc lận thì thôi!
"Đi đâu chẳng biết con người Sở Khanh?
"Bạc tình nổi tiếng lầu xanh,
"Một tay chôn biết mấy cành phù dung.
"Đà đao lập sẵn chước dùng,
"Lạ gì một cốt một đồng xưa nay!
Có ba mươi lạng trao tay,
"Không dưng chi có chuyện này trò kia!

Une anguille qui vit dans la boue ne craint point de salir sa tête

Pureté, vertu, je vous le promets, j'en suis guérie !

La vieille exigea un répondant, une promesse écrite

Une fille de la maison, Mã Kiều, prise de compassion

Se risqua à lui servir de caution

La vieille tour à tour amère, rageuse

N'accorda son pardon qu'une fois vidé le flot de ses injures

On transporta Kiều à l'intérieur; elle s'y reposa

Mã Kiều vint à elle, lui prodiguant ses conseils

Ce qui est fait est fait : vous vous êtes laissée duper

Qui ne connaît ici, ce personnage de Sở Khanh ?

En ces pavillons verts, il est bien mal famé

Combien de tendres rameaux n'a-t-il pas enseveli ?

Elle, la sorcière, lui le médium, ont monté le piège

Comme l'escrimeur feint de reculer pour mieux pourfendre

Il a touché trente taëls, voilà le fin fond de l'histoire

"Rồi ra trở mặt tức thì,
"Bớt lời, liệu chớ sân si thiệt đời!"
Nàng rằng: "Thề thốt nặng lời,
"Có đâu mà lại ra người hiểm sâu!"
Còn đương suy trước nghĩ sau,
Mặt mo đã thấy ở đâu dẫn vào.
Sở Khanh lên tiếng rêu rao,
Rằng: "Nghe mới có con nào ở đây,
"Phao cho quyến gió rủ mây,
"Hãy xem có biết mặt này là ai?"
Nàng rằng: Thôi thế thì thôi,
"Rằng không thì cũng vâng lời rằng không!"
Sở Khanh quát mắng đùng đùng,
Bước vào vừa rắp thị hùng ra tay.
Nàng rằng: "Trời nhé có hay!
"Quyến anh rủ yến sự này tại ai?
"Đem người dẩy xuống giếng thơi,
"Nói rồi, rồi lại ăn lời được ngay!
"Còn tiên tích việt ở tay,
"Rõ ràng mặt ấy mặt này chứ ai?"

Le secret de cette mise en scène : attendez-vous à sa volte-face
Surveillez votre langue, vous y risquez votre vie
Il a pourtant, dit Kiều, prononcé de graves serments
Comment ai-je pu croire à tant de fourberie ?
Elle resta songeuse, quand se montra lisse comme un parchemin
La figure cynique du coquin. Sở Khanh se mit à discourir :
On me dit qu'une fille d'ici répand le bruit
Que moi, je l'ai séduite, enlevée
Qu'elle ose venir me regarder en face
Elle répliqua : Si c'est ainsi, passons l'éponge
Puisque vous niez, j'en conviens, rien ne s'est passé
Sở Khanh tempêta, s'avança, prêt à la brutaliser
Elle s'écria : Ciel, vous en êtes témoin
Qui a séduit l'hirondelle, suborné le loriot ?
On pousse les gens au fond d'un puits
On prononce de graves paroles pour aussitôt les ravaler
J'ai encore la lettre avec les mots Tích Việt
Oui, regardons-nous face à face, il n'y a guère à se tromper

Lời ngay đông mặt trong ngoài,
Kẻ chê bất nghĩa người cười vô lương!
Phụ tình án đã rõ ràng,
Dơ tuồng, nghỉ mới kiếm đường tháo lui.
Buồng riêng, riêng những sụt sùi,
Nghĩ thân mà lại ngậm ngùi cho thân.
"Tiếc thay trong giá trắng ngần,
"Đến phong trần cũng phong trần như ai!
"Tẻ vui cũng một kiếp người,
"Hồng nhan phải giống ở đời mãi ru!
"Kiếp xưa đã rụng đường tu,
"Kiếp này chẳng kẻo đền bù mới xuôi!
"Dẫu sao bình đã vỡ rồi,
"Lấy thân mà trả nợ đời cho xong!"

*

Vừa tuần nguyệt sáng gương trong,
Tú bà ghé lại thong dong dặn dò:
"Nghề chơi cũng lắm công phu,
"Làng chơi ta phải biết cho đủ điều".

Ces paroles droites et franches émurent l'assistance
Les uns flétrirent la fourberie de l'homme, d'autres son cynisme
Le verdict fut unanime : couvert d'opprobre, il s'esquiva
Maintenant, seule dans sa chambre, à penser à son sort
Kiều pleura à chaudes larmes, se lamenta sur sa personne
Hélas, comme neige et argent frais, pure elle était
Mais quand le vent se soulève en de noirs tourbillons
Il lui faut comme quiconque rouler dans le vent et la poussière
Tristesse ou joie, la vie humaine est ainsi faite
Les beautés aux joues roses ne durent pas éternellement
Dans une vie antérieure, j'ai dû démériter
Je ne puis, maintenant échapper à ma dette
Quoi qu'il en soit, le vase est brisé
Je dois la payer cette dette contractée pour la vie

*

Un soir, alors que la lune brillait, miroir limpide
Tú Bà, la prit à part, doucement lui fit la leçon
Le commerce des plaisirs, c'est tout un art
Gens de métier, nous devons en connaître les secrets

Nàng rằng: "Mưa gió dập dìu,
"Liều thân thì cũng phải liều thế thôi!"
Mụ rằng: "Ai cũng như ai,
"Người ta ai mất tiền hoài đến đây?
"Ở trong còn lắm điều hay,
"Nỗi đêm khép mở nỗi ngày riêng chung.
"Này con thuộc lấy làm lòng,
"Vành ngoài bẩy chữ vành trong tám nghề.
"Chơi cho liễu chán hoa chê,
"Cho lăn lóc đá cho mê mẩn đời.
Khi khoé hạnh khi nét ngài,
"Khi ngâm ngợi nguyệt khi cười cợt hoa.
"Đều là nghề nghiệp trong nhà,
"Đủ ngần ấy nết mới là người soi".
Gót đầu vâng dạy mấy lời,
Dường chau nét nguyệt dường phai vẻ hồng.
Những nghe nói đã thẹn thùng,
Nước đời lắm nỗi lạ lùng khắt khe!

Battue par le vent, trempée par la pluie, dit Kiều
Je dois payer de ma personne, puisqu'il le faut
Les gens se ressemblent tous, répliqua la vieille
Ils veulent en avoir pour leur argent
Il y a les mille et une recettes du métier
La nuit, savoir s'offrir, savoir résister
Le jour, alterner réserve et intimité
Ma fille, tâche de les savoir tous par cœur
Les sept manières de séduire, les huit façons d'aimer
De plaisir, la fleur doit tomber lasse, le saule épuisé
La pierre se rouler et l'homme perdre sens et raison
Sourire du coin des lèvres, jouer des sourcils
Déclamer sous la lune, plaisanter sur les fleurs
Tel est notre métier; une vraie artiste tu seras
Quand tu te seras initiée à toutes ces finesses
Kiều écoutait d'un bout à l'autre ces enseignements
Son visage de jade, au teint de rose, se fana
A entendre ces propos, la honte lui monta au front
Quelles étranges épreuves la vie ne vous réserve-t-elle pas ?

Xót mình cửa các buồng khuê,
Vỡ lòng học lấy những nghề nghiệp hay!
Khéo là mặt dạn mày dày,
Kiếp người đã đến thế này thì thôi!
Thương thay thân phận lạc loài,
Dẫu sao cũng ở tay người biết sao?
Lầu xanh mới rủ trướng đào,
Càng treo giá ngọc càng cao phẩm người.
Biết bao bướm lả ong lơi,
Cuộc say đầy tháng trận cười suốt đêm.
Dập dìu lá gió cành chim,
Sớm đưa Tống Ngọc tối tìm Trường-Khanh.
Khi tỉnh rượu lúc tàn canh,
Giật mình, mình lại thương mình xót xa.
Khi sao phong gấm rủ là,
Giờ sao tan tác như hoa giữa đường.
Mặt sao dày gió dạn sương,
Thân sao bướm chán ong chường bấy thân?

Elevée dans des beaux quartiers, de nobles demeures
Me voici, quelle pitié, à faire un drôle de métier
Ma figure doit se tanner, ne plus sentir la honte
Vraiment ! On ne saurait déchoir plus bas
Hélas, que puis-je oiseau égaré, sous la coupe d'autrui
Sur le vert pavillon, on tendit des rideaux roses
On afficha les plus hauts prix
La perle n'en était que plus convoitée
Papillons lascifs, frelons avides, affluaient
Les orgies duraient des mois, les rires ponctuaient les nuits
La branche accueillait tous les oiseaux de passage
La feuille s'offrait aux caresses de tous les vents
Au matin, elle reconduisait un galant, au soir, en cajolait un autre
Passée l'ivresse des banquets, quand les nuits s'achevaient.
Tout son être sursautait, s'apitoyant sur elle-même
Pourquoi avoir grandi dans la soie et le brocart
Et à présent, traîner comme une fleur tombée en plein chemin ?
Pauvre figure, tannée par le vent, craquelée par les pluies
Pauvre corps, livré à satiété aux papillons et frelons !

Mặc người mưa Sở mây Tần,
Những mình nào biết có xuân là gì.
Đòi phen gió tựa hoa kề,
Nửa rèm tuyết ngậm bốn bề trăng thâu.
Cảnh nào cảnh chẳng đeo sầu,
Người buồn cảnh có vui đâu bao giờ?
Đòi phen nét vẽ câu thơ,
Cung cầm trong nguyệt nước cờ dưới hoa.
Vui là vui gượng kẻo là,
Ai tri âm đó mặn mà với ai?
Thờ ơ gió trúc mưa mai,
Ngẩn ngơ trăm mối dùi mài một thân.
Ôm lòng đòi đoạn xa gần,
Chẳng vò mà rối chẳng dần mà đau!
Nhớ ơn chín chữ cao sâu,
Một ngày một ngả bóng dâu tà tà.
Dặm nghìn nước thẳm non xa,
Nghĩ đâu thân phận con ra thế này!

Les clients passaient, noyés dans la volupté des caresses
Mais que pouvait-elle ressentir des joies du printemps ?
Maintes fois, s'enveloppant du vent, appuyée contre les fleurs
Elle contemplait la neige qui couvrait à moitié ses stores
La lune qui inondait les alentours de sa clarté
Quel paysage ne porte en lui sa mélancolie ?
Pour un cœur triste, nul paysage ne recèle de joie
Il lui arrivait de peindre, d'écrire des poèmes
De jouer de la guitare sous la lune
De faire une partie d'échecs à l'ombre des fleurs
Tout cela n'était que gaieté de commande
Où est le cœur qui pût répondre à son cœur ?
Le vent chantait dans les bambous
La pluie mouillait les pruniers en fleurs
Indifférente, elle ruminait mille pensées, usée par le souci
Proches et lointains, les souvenirs déchiraient ses entrailles
Embrouillées comme si on les avait entortillées
Meurtries comme si on les avait rouées de coups
Elle pensait aux parents, à leurs bienfaits sans nombre
Là-bas, le soleil déclinait et s'allongeait l'ombre des mûriers
Des hautes montagnes, des eaux profondes les séparaient
Pouvaient-ils se douter du sort réservé à leur enfant ?

Sân hòe đôi chút thơ ngây,
Trân cam ai kẻ đỡ thay việc mình?
Nhớ lời nguyện ước ba sinh,
Xa xôi ai có biết tình chăng ai?
Khi về hỏi liễu Chương-đài,
Cành xuân đã bẻ cho người chuyên tay!
Tình sâu mong trả nghĩa dày,
Hoa kia đã chắp cành này cho chưa?
Mối tình đòi đoạn vò tơ,
Giấc hương quan luống lần mơ canh dài.
Song sa vò võ phương trời,
Nay hoàng hôn đã lại mai hôn hoàng.
Lần lần thỏ bạc ác vàng,
Xót người trong hội đoạn trường đòi cơn.
Đã cho lấy chữ hồng nhan.
Làm cho cho hại cho tàn cho cân!
Đã đày vào kiếp phong trần,
Sao cho sỉ nhục một lần mới thôi!

*

Dans la cour familiale, bien jeunes, étaient ses frère et sœur
Qui pouvait la remplacer pour choyer les vieux parents
Elle se souvenait du serment qui la liait pour toujours
De si loin, Kim sait-il seulement la détresse de mon cœur ?
Dès son retour, il a dû se demander si du saule de naguère
Quelqu'un n'avait pas émondé la branche pour la passer de main en main ?
Pour le payer de son amour, Vân a-t-elle pris ma place
La fleur s'est-elle greffée sur un rameau qui ne lui est pas destiné ?
Tout s'embrouillait dans son cœur, écheveau de soie chiffonné
Sans cesse, elle rêvait, au long des nuits, de sa terre natale
De sa fenêtre tendue de soie, seule, sous un ciel étranger
Elle regardait les crépuscules se succéder aux crépuscules
Et le ciel tour à tour se dorer de l'éclat du soleil
Ou prendre la couleur argentée des soirs de lune
Ciel, pourquoi l'accabler de tant d'infortune
Il lui est donné de naître avec de belles joues roses
Le destin s'archarne sur elle, pour compenser ces dons
Condamnée à traîner dans le vent et la poussière
Elle n'échappe aux griffes du sort que toute honte bue

*

Khách du bỗng có một người,
Kỳ Tâm họ Thúc cũng nòi thư hương.
Vốn người huyện Tích châu Thường,
Theo nghiêm đường mở ngôi hàng Lâm-tri.
Hoa khôi mộ tiếng Kiều nhi,
Thiếp hồng tìm đến hương khuê gửi vào.
Trướng tô giáp mặt hoa đào,
Vẻ nào chẳng mặn nét nào chẳng ưa?
Hải đường mơn mởn cành tơ,
Ngày xuân càng gió càng mưa càng nồng!
Nguyệt hoa hoa nguyệt não nùng,
Đêm xuân ai dễ cầm lòng được chăng!
Lạ gì thanh khí lẽ hằng,
Một dây một buộc ai giằng cho ra?
Sớm đào tối mận lân la,
Trước còn trăng gió sau ra đá vàng.
Dịp đâu may mắn lạ dường,
Lại vừa gặp khoảng xuân đường lại quê.

Se présenta un client : Thúc Kỳ Tâm, homme de Tích Thường
Souche de lettrés, mais avec son père faisant commerce à Lâm Tri
Le renom de la belle Kiều, l'avait attiré
S'annonçant par une belle carte rose, il fit son entrée
Le rideau tiré, le voici face à face avec la fleur de son rêve
Beauté des traits, grâce des mouvements
Tout en elle le plongeait dans le ravissement
La fleur de camélia rayonnait de toute sa jeunesse
Plus la caressaient les ondées et souffles du printemps
Plus capiteuse devenait sa beauté
Le rayon de lune venait enlacer la fleur
La fleur grisée se baignait dans la clarté de l'astre du soir
Douceur des nuits du printemps, qui pourrait vous résister ?
Ils étaient faits pour s'accorder, et pente toute naturelle
Les liens se tissaient à ne pouvoir plus se dénouer
Du pêcher au prunier, l'heureux papillon voletait, butinant
L'amour d'abord, volage comme le vent, ténu comme un rayon de lune
Se gravait lentement dans leur cœur, comme sur l'or et la pierre
La chance les servait : le père de Thúc était parti au pays natal

Sinh càng một tỉnh mười mê,
Ngày xuân lắm lúc đi về với xuân.
Khi gió gác khi trăng sân,
Bầu tiên chuốc rượu câu thần nối thơ.
Khi hương sớm khi trà trưa,
Bàn vây điểm nước đường tơ họa đàn.
Miệt mài trong cuộc truy hoan,
Càng quen thuộc nết càng dan díu tình.
Lạ cho cái sóng khuynh thành,
Làm cho đổ quán xiêu đình như chơi.
Thúc sinh quen nết bốc trời,
Trăm nghìn đổ một trận cười như không!
Mụ càng tô lục chuốt hồng,
Máu tham hễ thấy hơi đồng thì mê.
Dưới trăng quyên đã gọi hè,
Đầu tường lửa lựu lập loè đâm bông.
Buồng the phải buổi thong dong,
Thang lan rủ bức trướng hồng tẩm hoa.

De son fol amour, le jeune homme en perdait la raison
Maintes fois, aux délices du printemps, il revenait s'enivrer
Sur leur balcon, ils accueillaient le souffle de la brise
Contemplaient ensemble la cour inondée de lune
Boire une tasse d'alcool, composant un poème, à l'instar des Immortels
Humer le parfum de l'encens, savourer l'arôme du thé
Compter les points aux échecs, jouer en duo à la guitare
C'était une course éperdue, à cueillir les fruits du plaisir
Mieux ils se connaissaient, plus ils étaient enchaînés par l'amour
Maléfice de la beauté ! en se jouant, le sourire d'une femme
Avait souventes fois renversé capitales et cités
Le jeune Thúc, habitué à dépenser royalement
Pour un seul éclat de rire, déboursait sans compter
La vieille y mit de son cru, assaisonnant les choses
Elle avait ça dans le sang : l'odeur de l'argent la rendait folle
Sous la lune, déjà retentissait l'appel estival des râles d'eau
Les fleurs de grenadiers flamboyaient par delà les murs
La journée était belle : derrière ses rideaux de soie légère
Kiều dans un bain d'orchidées, trempa son corps, fleur printanière

Rõ màu trong ngọc trắng ngà,
Dày dày sẵn đúc một tòa thiên nhiên.
Sinh càng tỏ nét càng khen,
Ngụ tình tay thảo một thiên luật Đường.
Nàng rằng: "Vâng biết lòng chàng,
"Lời lời châu ngọc hàng hàng gấm thêu.
"Hay hèn lẽ cũng nối điêu,
"Nỗi quê nghĩ một hai điều ngang ngang.
"Lòng còn gửi áng mây Hàng,
"Họa vần, xin hãy chịu chàng hôm nay".
Rằng:" Sao nói lạ lùng thay!
"Cành kia chẳng phải cỗi này mà ra?"
Nàng càng ủ dột thu ba,
Đoạn trường lúc ấy nghĩ mà buồn tênh:
"Thiếp như hoa đã lìa cành,
"Chàng như con bướm lượn vành mà chơi.
"Chúa xuân đành đã có nơi,
"Ngắn ngày thôi chớ dài lời làm chi!"

Pureté de jade, blancheur d'ivoire

Modelé impeccable, chef-d'œuvre des dieux

Emerveillé, le jeune Thúc improvisa un poème

Kiều dit : Je comprends vos sentiments, et j'admire

Vos paroles de jade, belles comme le brocart

Je suis sans talent, mais j'aurais dû vous répondre

Hélas, mon cœur plein de la nostalgie de la terre natale

Tout entier se porte au delà des nuages qui couvrent les monts

Ce poème que je vous dois, aujourd'hui faites m'en grâce

Etranges paroles, dit Thúc, n'êtes-vous pas un rameau issu de ce tronc familial ?

Les yeux de Kiều, limpides comme les lacs en automne, s'assombrirent

Son destin lui apparut alors dans toute sa cruauté

Je ne suis, dit-elle, qu'une fleur arrachée de sa tige

A mes côtés, vous papillonnez pour votre plaisir

Le dieu du printemps vous a déjà assigné une épouse

Le temps nous est mesuré, pourquoi nous attarder à de longs discours ?

Sinh rằng: "Từ thuở tương tri,
"Tấm riêng, riêng những nặng vì nước non.
"Trăm năm tính cuộc vuông tròn,
"Phải dò cho đến ngọn nguồn lạch sông".
Nàng rằng: "Muôn đội ơn lòng,
"Chút e bên thú bên tòng dễ đâu.
"Bình-khang nấn ná bấy lâu,
"Yêu hoa yêu được một màu điểm trang.
"Rồi ra lạt phấn phai hương,
"Lòng kia giữ được thường thường mãi chăng?
"Vả trong thềm quế cung trăng,
"Chủ trương đành đã chị Hằng ở trong.
"Bấy lâu khăng khít dải đồng,
"Thêm người, người cũng chia lòng riêng tây.
"Vẻ chi chút phận bèo mây,
"Làm cho bể ái khi đầy khi vơi.
"Trăm điều ngang ngửa vì tôi,
"Thân sau ai chịu tội trời ấy cho?

Thúc répliqua : Depuis que nous nous sommes connus

Mon cœur est lourd de sa passion, immense comme les fleuves et les monts

Pour cent ans, il est dans mon dessein de sceller notre union

J'ai voulu remonter aux sources, explorer tous les méandres

Kiều dit : Grâce vous soit rendue, mais j'ai bien peur

Nous unir par les liens du mariage sera malaisé

Depuis peu, vous vous attardez en ces pavillons verts

Où l'on n'aime la fleur que parée de ses coloris

Terni le fard, éventé le parfum, votre cœur gardera-t-il sa constance ?

Dans le palais lunaire, règne Hằng Nga, maîtresse de céans [25]

A elle, vous êtes uni par les liens du mariage

Pour une seconde femme, votre cœur ne saurait se partager

Une herbe flottante, un nuage vagabond, je suis

Pourquoi provoquer des remous dans votre bonheur ?

Qui à ma place subira les châtiments du Ciel ?

"Như chàng có vững tay co,
"Mười phần cũng đắp điếm cho một vài.
"Thế trong dù lớn hơn ngoài,
"Trước hàm sư tử gửi người đằng la.
"Cúi đầu luồn xuống mái nhà,
"Giấm chua lại tội bằng ba lửa nồng.
"Ở trên còn có nhà thông,
"Lượng trên trông xuống biết lòng có thương?
"Sá chi liễu ngõ hoa tường,
"Lầu xanh lại bỏ ra phường lầu xanh!
"Lại càng dơ dáng dại hình,
"Đành thân phận thiếp ngại danh giá chàng.
"Thương sao cho vẹn thì thương,
"Tính sao cho trọn mọi đường thì vâng".
Sinh rằng: "Hay nói đè chừng,
"Lòng đây lòng đấy chưa từng hay sao?
"Đường xa chớ ngại Ngô Lào,
"Trăm điều hãy cứ trông vào một ta.

Auriez-vous les mains fermes, j'aurais quelque protection

Mais si par malheur, votre épouse l'emporte

Je serai jetée dans la gueule d'une lionne en furie

Sous votre toit, tête basse je vivrai; plus cruelle me sera

La jalousie caustique d'une femme que la fournaise où je suis

Et votre père, autorité suprême, daignera-t-il

Prendre en pitié une pauvre infortunée, ou ne verrait-il

Qu'une herbe poussée en marge des chemins, une fleur perdue sur un mur ?

Echapper aux pavillons verts pour être contrainte d'y retourner

C'est se couvrir de honte; moi, je m'y résignerai

Mais je crains fort pour votre honneur

Aimez-moi, tâchez de sauvegarder notre amour

Ne laissez rien au hasard, je suis prête à vous obéir

Thúc s'écria : Pourquoi tant de réserve, tant de prudence

Votre cœur ne connaît-il pas les moindres secrets de mon cœur ?

Ne redoutez point le grand voyage, en tout comptez sur moi

"Đã gần chi có điều xa
"Đá vàng đã quyết phong ba cũng liều!"
Cùng nhau căn vặn đến điều,
Chỉ non thề bể nặng gieo đến lời.
Nỉ non đêm ngắn tình dài,
Ngoài hiên thỏ đã non đoài ngậm gương.
Mượn điều trúc viện thừa lương,
Rước về hãy tạm dấu nàng một nơi.
Chiến hòa, sắp sẵn hai bài,
Cậy tay thầy thợ mượn người dò la.
Bắn tín đến mặt Tú bà,
Thua cơ, mụ cũng cầu hòa dám sao!
Rõ ràng của dẫn tay trao,
Hoàn lương một thiếp thân vào cửa công.
Công tư hai lẽ đều xong,
Gót tiên phút đã thoát vòng trần ai.
Một nhà sum họp trúc mai,
Càng sâu nghĩa bể càng dài tình sông.

A nos cœurs si proches, nulle route ne sera longue

Ferme je suis, comme l'or et la pierre, bravant les tempêtes

Ensemble, ils se dirent et redirent mille choses

Prenant à témoin montagnes et océans

Pour des amants, les nuits sont bien brèves

La lune, à l'ouest, avait disparu derrière les monts

En villégiature, il emmena Kiều, la cacha en lieu sûr

Et s'apprêta à engager et la guerre et la paix

Un homme habile alla sonder le camp ennemi

Tú Bà, en mauvaise posture, ne put qu'accepter

La rançon fut payée, remise en mains propres

L'acte fut signé, qui rendit Kiều à une vie honnête
Devant la loi, comme dans le privé tout fut en règle
Kiều se libéra, telle une fée quittant ce monde de poussière
Le bambou s'enlaçait avec l'abricotier
L'amour aux liens multiples comme les fleuves
Se faisait chaque jour profond comme l'océan

Hương càng đượm lửa càng nồng.
Càng sôi vẻ ngọc càng lồng màu sen.
Nửa năm hơi tiếng vừa quen.
Sân ngô cành biếc đã chen lá vàng.
Giậu thu vừa nảy giò sương,
Gối yên đã thấy xuân đường đến nơi.
Phong lôi nổi trận bời bời,
Nặng lòng e ấp tính bài phân chia.
Quyết ngay biện bạch một bề,
Dạy cho má phấn lại về lầu xanh!
Thấy lời nghiêm huấn rành rành,
Đánh liều, sinh mới lấy tình nài kêu.
Rằng: "Con biết tội đã nhiều,
"Dẫu rằng sấm sét búa rìu cũng cam.
"Trót vì tay đã nhúng chàm,
"Dại rồi còn biết khôn làm sao đây!
"Cùng nhau vả tiếng một ngày,
"Ôm cầm ai nỡ dứt dây cho đành.

Plus montait le parfum, plus ardait la flamme

Le jade en resplendissait davantage

Et davantage embaumait la fleur du lotus

Six mois se passaient, ils s'étaient faits l'un à l'autre

Les érables de la cour se paraient de quelques taches d'or

Sur la haie avaient jailli les bourgeons des chrysanthèmes

Le vieux père rentra, sa colère éclata comme un ouragan

Inquiet pour la paix familiale, il décida de séparer les amants

Ordonna qu'aux pavillons verts on renvoyât cette femme fardée

Le père était catégorique; le jeune homme fit appel à sa bonté

Ma faute est grande, je mérite la foudre

Hélas, j'ai trempé ma main dans l'indigo[26]

Il est bien tard pour revenir à la raison

Aurions-nous vécu ensemble, ne serait-ce qu'un jour

Que nul n'aurait le cœur de briser une guitare qu'on a tenue en mains

"Lượng trên quyết chẳng thương tình.
"Bạc đen thôi có tiếc mình làm chi!"
Thấy lời sắt đá tri tri,
Sốt gan, ông mới cáo quỳ cửa công.
Đất bằng nổi sóng đùng đùng,
Phủ đường sai lá phiếu hồng thôi tra.
Cùng nhau theo gót sai nha,
Song song vào trước sân hoa lạy quỳ.
Trông lên mặt sắt đen sì,
Lập nghiêm trước đã ra uy nặng lời:
"Gã kia dại nết chơi bời,
"Mà con người thế là người đong đưa!
"Tuồng chi hoa thải hương thừa,
"Mượn màu son phấn đánh lừa con đen.
"Suy trong tình trạng nguyên đơn,
"Bề nào thì cũng chưa yên bề nào.
"Phép công chiếu án luận vào,
"Có hai đường ấy, muốn sao mặc mình:

Si vous ne nous accordez indulgence

Advienne que pourra, je ne regretterai point ma vie

Ces fermes paroles firent perdre patience au vieux père

Devant les autorités, il s'en fut porter plainte

Sur le calme océan, à nouveau la tempête éclata

Du gouverneur vint un mandat d'amener

Tous suivirent l'agent, se prosternèrent dans la cour mandarinale

Levant la tête, ils virent le masque de fer du juge

Qui, tout imbu de son autorité, leur tint un rude discours

Jeune homme, te voici corrompu et noceur

Et cette fille, à n'en point douter, est de mauvaise vie

Vile espèce, fleur délaissée, parfum au rebut

Dupant les naïfs par un maquillage trompeur

A en juger par la plainte du père

Votre situation est bien irrégulière

J'applique la loi, qui vous donne à choisir

Một là cứ phép gia hình,
"Một là lại cứ lầu xanh phó về!"
Nàng rằng: "Đã quyết một bề,
"Nhện này vương lấy tơ kia mấy lần!
"Đục trong thân cũng là thân,
"Yếu thơ vâng chịu trước sân lôi đình".
Dạy rằng: "Cứ phép gia hình!"
Ba cây chập lại một cành mẫu đơn.
Phận đành chi dám kêu oan,
Đào hoen quẹn má liễu tan tác mày.
Một sân lầm cát đã đầy,
Gương lờ nước thủy mai gầy vóc sương.
Nghĩ tình chàng Thúc mà thương,
Nẻo xa trông thấy lòng càng xót xa.
Khóc rằng: "Oan khốc vì ta,
"Có nghe lời trước chẳng đà lụy sau.
"Cạn lòng chẳng biết nghĩ sâu,
"Để ai trăng tủi hoa sầu vì ai?"

Accepter la peine prévue, ou le renvoi au pavillon vert

Kiều dit : Mon choix est fait

Une araignée ne saurait tisser et retisser sa toile

Pure ou non, ma vie, je l'accepte telle qu'elle est

Frêle enfant, je dois encourir les foudres de la loi

Le mandarin donna l'ordre : qu'on exécute le jugement
Sur la frêle pivoine, la bastonnade s'acharna
Résignée, elle n'osa même pas crier à l'injustice
Ses joues roses se couvrirent de larmes, ses sourcils
Se crispaient, feuilles de saule sous l'orage
La cour se couvrait de poussière
La glace s'était ternie, le prunier avait dépéri
Quelle pitié pour ce pauvre Thúc !
De loin, il la regardait, le cœur déchiré
Il se lamenta : Je suis cause de tout ce malheur
Je l'aurais écoutée, cette infamie lui serait épargnée
Dans ma légèreté, je n'ai rien su prévoir
A qui la faute, si cette fleur subit le martyre ?

Phủ đường nghe thoảng vào tai,
Động lòng lại gạn đến lời riêng tây.
Sụt sùi, chàng mới thưa ngay,
Đầu đuôi kể lại sự ngày cầu thân:
"Nàng đà tính hết xa gần,
"Từ xưa nàng đã biết thân có rày!
"Tại tôi hứng lấy một tay,
"Để nàng cho đến nỗi này vì tôi!"
Nghe lời nói cũng thương lời,
Dẹp uy mới dạy cho bài giải vi.
Rằng: Như hẳn có thế thì,
"Trăng hoa song cũng thị phi biết điều!"
Sinh rằng : "Chút phận bọt bèo,
"Theo đòi vả cũng ít nhiều bút nghiên".
Cười rằng: "Đã thế thì nên,
"Mộc già, hãy thử một thiên trình nghề".
Nàng vâng cất bút tay đề,
Tiên hoa trình trước án phê xem tường.

Emu, le gouverneur le pressa de questions

Etouffant ses sanglots, Thúc raconta leur histoire

Elle a tout prévu, sachant ce qui doit arriver

J'ai voulu tout prendre sur moi, suis le seul coupable

Le mandarin fut touché de compassion

Outrepassant les rigueurs de la loi, leur trouva une issue

Il dit : S'il en est bien ainsi, cette jeune personne

De mauvaise vie, n'en est pas moins raisonnable

Thúc lui répondit : Humble est sa condition

Mais elle a appris à manier plume et pinceau

Parfait, s'écria le gouverneur en riant

Qu'elle fasse un poème sur la cangue qui lui broie les épaules

Kiều prit le pinceau, inscrivit quelques vers

Le papier fleuri fut déposé sur le bureau du magistrat

Khen rằng: "Giá đáng Thịnh Đường,
"Tài này sắc ấy nghìn vàng chưa cân!
"Thực là tài tử giai nhân,
"Châu Trần còn có Châu Trần nào hơn!
"Thôi đừng rước dữ cưu hờn,
"Làm chi lỡ nhịp cho đàn ngang cung.
"Đã đưa đến trước cửa công,
"Ngoài thì là lý song trong là tình.
"Dâu con trong đạo gia đình,
"Thôi thì dẹp nỗi bất bình là xong!"
Kíp truyền sắm sửa lễ công,
Kiệu hoa cất gió đuốc hồng điểm sao.
Bày hàng cổ xúy xôn xao,
Song song đưa tới trướng đào sánh đôi.
Thương vì hạnh trọng vì tài,
Thúc ông thôi cũng dẹp lời phong ba.
Huệ lan sực nức một nhà,
Từng cay đắng lại mặn mà hơn xưa.

Qui ne tarit plus d'éloges : C'est du meilleur Đường[27]
Une pareille beauté, un tel talent, valent leur pesant d'or
Un homme distingué fait la rencontre d'une belle femme
On ne saurait trouver une union mieux assortie
Allons, cessez de nourrir discorde et ressentiment
Pourquoi fausser la mesure, briser un si beau concert
Devant la loi, on doit juger selon le droit
Pour la forme, mais selon le cœur, quant au fond
Vivre en paix avec ces enfants, telle est la loi familiale
Honorable vieillard, calmez votre colère, tout sera pour le mieux
Il ordonna aussitôt de préparer la cérémonie officielle
Le palanquin nuptial fila, léger comme le vent
Les torches rougeoyaient, étoiles dans la nuit
Fifres et tambourins dans un bruyant concert
Conduisirent les époux jusqu'à leur chambre rose
Aimant Kiều pour ses qualités, l'estimant pour son talent
Le père n'eut plus de paroles orageuses
La maison s'emplit du parfum des lis et tubéreuses
D'avoir connu l'amertume du malheur, ils goûtèrent mieux la douceur d'aimer

Mảng vui rượu sớm cờ trưa,
Đào đà phai thắm sen vừa nẩy xanh.
Trướng hồ vắng vẻ đêm thanh,
E tình nàng mới bày tình riêng chung:
"Phận bồ từ vẹn chữ tòng,
"Đổi thay nhạn yến đã hòng đầy niên.
"Tin nhà ngày một vắng tin,
"Mặn tình cát lũy lạt tình tao khang.
"Nghĩ ra thật cũng nên dường,
"Tăm hơi ai dễ giữ giàng cho ta?
"Trộm nghe kẻ lớn trong nhà,
"Ở vào khuôn phép nói ra mối giường.
"E thay những dạ phi thường,
"Dễ dò rốn bể khôn lường đáy sông!
"Mà ta suốt một năm ròng,
"Thế nào cũng chẳng giấu xong được nào.
"Bấy chầy chưa tỏ tiêu hao,
"Hoặc là trong có làm sao chăng là?

Un verre d'alcool au matin, une partie d'échecs au soir
Et le temps filait
Les fleurs des pêchers se fanaient
Les lotus laissaient poindre leurs feuilles vertes
En tête à tête, dans le silence d'une nuit sereine
Kiều à son mari fit part de ses appréhensions
J'ai confié entre vos mains ma destinée d'herbe fragile
Un an s'est passé, l'oie sauvage a suivi l'hirondelle
Les nouvelles de chez vous se font chaque jour plus rares
Tout absorbé par l'amour d'une femme de second rang
Vous négligez vos devoirs envers l'épouse première
Réfléchissez-y, la situation mérite examen
Comment éviter indiscrétions et médisances ?
J'ai ouï dire que la maîtresse de céans
A cheval sur les principes, ne déroge point aux règles
Rien n'est plus à craindre que ces âmes peu communes
Rivière ou océan, rien n'est facile à sonder
Nous avons vécu ensemble un an, le cacher n'est guère possible
Depuis lors, elle n'a point donné de ses nouvelles
Ce silence ne me dit rien qui vaille

"Xin chàng kíp liệu lại nhà,
"Trước người đẹp ý sau ta biết tình.
"Đêm ngày giữ mực giấu quanh,
"Rày lần mai lữa như hình chưa thông!
Nghe lời khuyên nhủ thong dong,
Đành lòng sinh mới quyết lòng hồi trang.
Rạng ra gửi đến xuân đường,
Thúc ông cũng vội giục chàng ninh gia.
Tiễn đưa một chén quan hà,
Xuân đình thoắt đã đổi ra cao đình.
Sông Tần một dải xanh xanh,
Loi thoi bờ liễu mấy cành Dương-quan.
Cầm tay dài ngắn thở than,
Chia phôi ngừng chén hợp tan nghẹn lời.
Nàng rằng: "Non nước xa khơi,
"Sao cho trong ấm thì ngoài mới êm.
"Dễ lòa yếm thắm trôn kim,
"Làm chi bưng mắt bắt chim khó lòng!

Retournez vite chez vous, je vous en prie

Vous lui ferez plaisir, et nous serons renseignés

Ces cachotteries ne sauraient durer indéfiniment

Pourquoi hésiter, tergiverser, cela ne passera pas

Ecoutant ces sages conseils, Thúc se résolut à partir

Le père informé, l'engagea dans cette décision

On but aux adieux: du pavillon de leurs amours

On passa à celui de la séparation

La rivière à perte de vue déroulait son ruban bleu

Au delà des remparts, les saules inclinaient leurs branches étiques

La main dans la main, au milieu des pleurs et soupirs
Ils hésitaient à vider leur coupe

Les adieux s'étranglaient dans leur gorge

Kiều dit : Les monts et les fleuves vont nous séparer

Que la paix règne là-bas, ici le calme viendra

Un corset écarlate peut passer inaperçu, mais à qui le cherche

Se dévoile rapidement le chas de l'aiguille

N'essayons pas d'attraper des oiseaux, les yeux bandés

"Đôi ta chút nghĩa đèo bòng,
"Đến nhà trước liệu nói sòng cho minh.
"Dù khi sóng gió bất tình,
"Lớn ra uy lớn tôi đành phận tôi.
"Hơn điều giấu ngược giấu xuôi,
"Lại mang những việc tầy trời đến sau.
"Thương nhau xin nhớ lời nhau,
"Năm chầy cũng chẳng đi đâu mà chầy.
"Chén đưa nhớ bữa hôm nay,
"Chén mừng xin đợi ngày này năm sau!"
Người lên ngựa kẻ chia bào,
Rừng phong thu đã nhuốm màu quan san.
Dặm hồng bụi cuốn chinh an,
Trông người đã khuất mấy ngàn dâu xanh.
Người về chiếc bóng năm canh,
Kẻ đi muôn dặm một mình xa xôi.
Vầng trăng ai sẻ làm đôi,
Nửa in gối chiếc nửa soi dặm trường!

*

Nous sommes unis par des liens encore fragiles
Dès votre arrivée, mettez les choses au clair
Si jamais éclate l'orage
Qu'elle garde son rang, je me résignerai
Cela vaudra mieux que jouer à cache-cache
Et risquer pour l'avenir des malheurs sans nom
Au nom de notre amour, retenez mes paroles
L'année sera longue, mais ce sera vite passé
En ce jour, nous vidons la coupe des adieux
Pour le même jour, l'an prochain, je vous attends
A boire joyeusement à votre retour
Il monta en selle, elle lâcha le pan de sa tunique
L'automne avait teint la forêt d'érables, couleur d'adieu
Une poussière rose enveloppait la silhouette du cavalier
Qui bientôt disparut derrière les vertes mûraies
Elle rentra, seule avec son ombre au long des nuits
Lui, solitaire parcourait les grands chemins
Ce croissant de lune, quelle main cruelle l'a dédoublé
Ici, pâle lueur sur l'oreiller d'une femme esseulée
Là bas, cernant sur la route déserte, l'ombre du voyageur

*

Kể chi những nỗi dọc đường,
Buồng trong này nỗi chủ trương ở nhà:
Vốn dòng họ Hoạn danh gia,
Con quan Lại bộ tên là Hoạn Thư.
Duyên Đằng thuận nẻo gió đưa,
Cùng chàng kết tóc xe tơ những ngày.
Ở ăn thì nết cũng hay,
Nói điều ràng buộc thì tay cũng già.
Từ nghe vườn mới thêm hoa,
Miệng người đã lắm tin nhà thì không.
Lửa tâm càng dập càng nồng,
Trách người đen bạc ra lòng trăng hoa:
"Ví bằng thú thật cùng ta,
"Cũng dung kẻ dưới mới là lượng trên.
"Dại chi chẳng giữ lấy nền,
"Tốt chi mà rước tiếng ghen vào mình?
"Lại còn bưng bít dấu quanh,
"Làm chi những thói trẻ ranh nực cười!

Passons sur les péripéties du voyage

Parlons plutôt de celle qui régnait au foyer

De famille illustre, fille de ministre, elle portait nom : Hoạn Thư

L'heureux vent de l'hyménée depuis longtemps l'avait unie au jeune Thúc

On ne pouvait que louer sa bonne conduite

Mais elle avait la main dure, quand elle voulait sévir

Elle le savait : au jardin conjugal avait percé une nouvelle fleur

Chacun en parlait, mais de son mari, pas un mot

Plus elle l'étouffait, plus la jalousie lui brûlait le cœur

Plus elle lui en voulait de cette infidélité

Si seulement ils m'avaient avoué la vérité

A cette femme inférieure, j'aurais accordé ma clémence

Gardant mon rang, je ne pousserais pas la bêtise

Jusqu'à m'attirer le renom d'une femme jalouse

Ils ont préféré ruser, dissimuler, pauvres enfants !

"Tính rằng cách mặt khuất lời,
"Giấu ta, ta cũng liệu bài giấu cho!
"Lo gì việc ấy mà lo,
"Kiến trong miệng chén có bò đi đâu?
"Làm cho nhìn chẳng được nhau.
"Làm cho đầy đọa cất đầu chẳng lên!
"Làm cho trông thấy nhãn tiền,
"Cho người thăm ván bán thuyền biết tay".
Nỗi lòng kín chẳng ai hay,
Ngoài tai để mặc gió bay mái ngoài.
Tuần sau bỗng thấy hai người,
Mách tin ý cũng liệu bài tâng công.
Tiểu thư nổi giận đùng đùng:
"Gớm tay thêu dệt ra lòng trêu ngươi!
"Chồng tao nào phải như ai,
"Điều này hẳn miệng những người thị phi!"
Vội vàng xuống lệnh ra uy,
Đứa thì vả miệng đứa thì bẻ răng.

Comptant sur l'absence, l'éloignement
Ruse pour ruse, dent pour dent
Pourquoi me faire des soucis
La fourmi est dans la tasse, où pourrait-elle fuir ?
Je ferai en sorte qu'ils n'oseront se regarder en face
Je ferai en sorte qu'écrasée, elle ne pourra lever la tête
Je ferai en sorte qu'il le verra de ses yeux
Et que celui qui, à peine vue une planche neuve
Liquidait sa barque, sache de quel bois je me chauffe
Rien ne transpirait de ce qui se tramait dans son cœur
Aux commérages elle faisait la sourde oreille
Deux hommes vinrent dans la décade suivante
Colporter la nouvelle dans l'espoir d'une récompense
Dame Hoạn Thư éclata de colère
Viles gens qui brodent des choses pour noircir les gens
Mon mari n'est point comme les autres
Assurément ce sont là pures calomnies
Aussitôt elle usa de toute son autorité
Fit giffler l'un, casser une dent à l'autre

Trong ngoài kín mít như bưng,
Nào ai còn dám nói năng một lời!
Buồng đào khuya sớm thảnh thơi,
Ra vào một mực nói cười như không.
Đêm ngày lòng những dặn lòng,
Sinh đà về đến lầu hồng xuống yên.
Lời tan hợp nỗi hàn huyên,
Chữ tình càng mặn chữ duyên càng nồng.
Tẩy trần vui chén thong dong,
Nỗi lòng ai ở trong lòng mà ra.
Chàng về xem ý tứ nhà,
Sự mình cũng rắp lân la giãi bày.
Mấy phen cười nói tỉnh say,
Tóc tơ bất động mảy may sự tình.
Nghĩ đà bưng kín miệng bình,
Nào ai có khảo mà mình lại xưng?
Những là e ấp dùng dằng,
Rút dây sợ nữa động rừng lại thôi.

Personne n'osait alors souffler mot

Matin et soir, dans sa chambre, détendue

Elle allait et venait, parlait, souriait

Avec le plus grand naturel du monde

Mais nuit et jour, la colère couvait en son cœur

Voici qu'arriva Thúc, descendant de sa monture

Joie de se revoir, paroles émues

Amour, tendresse se manifestèrent avec éclat

On but à la santé du voyageur couvert de poussière

Mais qui pouvait sonder le tréfonds de leur cœur ?

Thúc était rentré explorer le terrain
S'apprêtait prudemment à exposer l'affaire

Rieuse, bavarde, qu'elle fût lucide, ou sous l'effet du vin

Hoạn Thư n'y fit la moindre allusion

Thúc se dit : Le vase est bien clos

Pourquoi passer aux aveux, quand on ne vous questionne pas

Indécis, hésitant, il tergiversait

Il avait peur, tirant sur une liane de remuer la forêt

Có khi vui chuyện mua cười,
Tiểu thư lại giở những lời đâu đâu.
Rằng: "Trong ngọc đá vàng thau,
"Mười phần ta đã tin nhau cả mười.
"Khen cho những miệng dông dài,
"Bướm ong lại đặt những lời nọ kia!
"Thiếp dù vụng chẳng hay suy,
"Đã dơ bụng nghĩ lại bia miệng cười!"
Thấy lời thủng thỉnh như chơi,
Thuận lời chàng cũng nói xuôi đỡ đòn.
Những là cười phấn cợt son,
Đèn khuya chung bóng trăng tròn sánh vai.
Thú quê thuần vược bén mùi,
Giếng vàng đã rụng một vài lá ngô.
Chạnh niềm nhớ cảnh giang hồ,
Một màu quan tái mấy mùa gió trăng.
Tình riêng chưa dám rỉ răng,
Tiểu thư trước đã liệu chừng nhủ qua:

Parfois dans l'entrain de la conversation, plaisantant
Elle lança comme au hasard des paroles
Nous avons appris à distinguer le jade de la pierre
L'or du laiton: entre nous la confiance est entière
J'admire ces langues bien pendues
Vous dépeignant folâtre, tel l'abeille ou le papillon
Si je n'avais jugement et réflexion
J'aurais sali mon cœur de vains soupçons
Et serais devenue la risée de tous
Ces propos étaient débités d'un ton calme et badin
Thúc abonda dans ce sens, esquivant le choc
Les jours passaient
Leurs ombres s'enlaçaient au long des nuits
Epaule contre épaule, ils admiraient le clair de lune
Thúc prenait goût à cette vie rustique
Mais déjà quelques feuilles de platane venaient choir
Dans les puits, couleur d'or
Le souvenir des fleuves et lacs lointains le tenaillait
Au delà des remparts, combien de fois avait-il
Affronté les vents et contemplé l'astre du soir
De ce désir secret il n'osait souffler mot
Mais sa femme alla au devant de ses vœux

"Cách năm mây bạc xa xa,
"Lâm-Tri cũng phải tính mà thần hôn".
Được lời như mở tấc son,
Vó câu thẳng ruổi nước non quê người.
Long lanh đáy nước in trời,
Thành xây khói biếc non phơi bóng vàng.
Roi câu vừa gióng dặm trường,
Xe hương nàng cũng thuận đường qui ninh
Thưa nhà huyên hết mọi tình,
Nỗi chàng ở bạc nỗi mình chịu đen.
Nghĩ rằng: "Ngứa ghẻ hờn ghen,
"Xấu chàng mà có ai khen chi mình!
"Vậy nên ngảnh mặt làm thinh,
"Mưu cao vốn đã rắp ranh những ngày.
"Lâm-Tri đường bộ tháng chầy,
Mà đường hải đạo sang ngay thì gần.
"Dọn thuyền lựa mặt gia nhân,
"Hãy đem dây xích buộc chân nàng về.

Voici un an qu'au delà des nuages, votre père vous attend
Songez à rejoindre Lâm Tri remplir vos obligations filiales
Sur cette parole qui ôta un poids de son cœur
Il enfourcha son cheval, en flèche traversa les contrées étrangères
L'eau, miroir tremblotant renvoyait l'image d'un ciel azur
Les villes érigeaient des colonnes de fumée bleue
Les coteaux étalaient leurs grandes nappes dorées
A peine le fouet du cavalier a-t-il claqué
Que sur sa calèche, la jeune femme rentra chez ses parents
A sa mère elle confia ses déboires et ses souffrances
J'ai pensé, dit-elle, qu'éclater de jalousie
N'est guère plus honorable que se gratter de la gale
J'aurais traîné mon mari dans la boue
Sans m'attirer l'estime de personne
J'ai donc feint l'ignorance, gardé le silence
Mais jour après jour mûrit ma vengeance
La route pour Lâm Tri demande un bon mois
Par mer, le trajet est bien plus court
Armer une jonque, choisir des gens sûrs
La faire ramener ici, bien ligotée, n'est qu'un jeu

"Làm cho cho mệt cho mê,
"Làm cho đau đớn ê chề cho coi!
"Trước cho bõ ghét những người,
"Sau cho để một trò cười về sau!"
Phu nhân khen chước rất mầu,
Chiều con mới dạy mặc dầu ra tay.
Sửa sang buồm gió lèo mây
Khuyển Ưng, lại chọn một bầy côn quang.
Dặn dò hết các mọi đường,
Thuận phong một lá vượt sang biển Tề.

*

Nàng từ chiếc bóng song the,
Đường kia nỗi nọ như chia mối sầu.
Bóng dâu đã xế ngang đầu,
Biết đâu ấm lạnh biết đâu ngọt bùi.
Tóc thề đã chấm ngang vai,
Nào lời non nước nào lời sắt son?
Sắn bìm chút phận cỏn con,
Khuôn duyên biết có vuông tròn cho chăng?

On l'éreintera, elle en perdra la raison
Elle verra ce que c'est que souffrir
J'assouvirai d'abord ma haine et pour l'avenir
Nous léguerons une farce pour l'amusement des gens
La noble dame loua fort le stratagème
Complaisante, à sa fille elle laissa carte blanche
Voiles et cordages furent prêts, à affronter vents et nuées
Khuyển et Ưng, commis pour recruter une bande de voyous
Ils reçurent des instructions complètes et précises
Au fil du vent, la jonque légère comme une feuille
Bientôt arriva au port de Tề

*

Derrière ses rideaux de soie, Kiều attendait solitaire
Son cœur partagé entre mille tristesses et soucis
L'ombre des mûriers, là-bas doit monter à hauteur de tête
Souffrent-ils les parents des chaleurs, supportent-ils le froid ?
Les cheveux coupés pour le grand serment ont repoussé jusqu'aux épaules
Que sont devenues ces paroles que nous avions voulu
Fermes comme l'acier, durables comme fleuves et monts
Je ne suis qu'une frêle plante grimpant sur une treille
Jusqu'à quand ce soutien me sera-t-il accordé ?

Thân sao nhiều nỗi bất bằng?
Liều như cung Quảng ả Hằng nghĩ nao!
Đêm thu gió lọt song đào,
Nửa vành trăng khuyết ba sao giữa trời.
Nén hương đến trước Phật đài,
Nỗi lòng khấn chửa cạn lời vân vân...
Dưới hoa dậy lũ ác nhân,
Ầm ầm khốc quỷ kinh thần mọc ra!
Đầy sân gươm tuốt sáng lòa,
Thất kinh nàng chửa biết là làm sao.
Thuốc mê đâu đã tưới vào,
Mơ màng như giấc chiêm bao biết gì!
Vực ngay lên ngựa tức thì,
Phòng đào viện sách bốn bề lửa dong.
Sẵn thây vô chủ bên sông,
Đem vào để đó lộn sòng ai hay?
Tôi đòi phách lạc hồn bay,
Pha càn bụi cỏ gốc cây ẩn mình.

***Qu'ai**-je fait, pour m'attirer tant de malheurs ?*

***Ah** ! Plutôt vivre seule, comme dame Hằng en son palais !*[28]

Dans la nuit, une brise d'automne se glissait entre les rideaux

Un croissant de lune et trois étoiles en plein ciel brillaient

Devant l'autel du Bouddha, elle alluma un peu d'encens

Elle n'avait pas fini de vider son cœur dans une longue prière

Que surgit des massifs de fleurs, une bande féroce

Hurlant, criant, à terrifier démons et génies

Dans la cour des sabres se dégainèrent, éblouissants

Sur Kiều, bouleversée quelqu'un déversa un narcotique

Elle tomba aussitôt dans un sommeil plein de rêves

On la chargea rapidement à dos d'un cheval

Ses appartements bientôt furent la proie des flammes

Le cadavre d'un inconnu gisait au bord du fleuve

On le jeta dans le feu pour donner le change

Terrifiées, les servantes se cachèrent derrière les buissons

Thúc ông nhà cũng gần quanh,
Chợt trông ngọn lửa thất kinh rụng rời.
Tớ thầy chạy thẳng đến nơi,
Tơi bời tưới lửa tìm người lao xao.
Gió cao ngọn lửa càng cao,
Tôi đòi tìm đủ nàng nào thấy đâu!
Hớt hơ hớt hải nhìn nhau,
Giếng sâu bụi rậm trước sau tìm quàng.
Chạy vào chốn cũ phòng hương,
Trong tro thấy một đống xương cháy tàn.
Ngay tình ai biết mưu gian,
Hẳn nàng thôi lại có bàn rằng ai!
Thúc ông sùi sụt ngắn dài,
Nghĩ con vắng vẻ thương người nết na.
Di hài nhặt sắp về nhà,
Nào là khâm liệm nào là tang trai.
Lễ thường đã đủ một hai,
Lục trình chàng cũng đến nơi bấy giờ.

Le vieux père qui habitait tout près

Voyant les flammes, accourut avec ses gens

Ils arrosèrent le feu, cherchèrent les victimes

Ce fut un tumulte indescriptible

Un vent violent attisait les flammes

On retrouva les servantes, mais de Kiều nulle trace

Ils se regardèrent, haletants, hagards

Fouillèrent à l'aveuglette, les puits, les buissons

Accourant à l'ancienne chambre parfumée

Ils découvrirent dans les cendres des os calcinés

De bonne foi, ils ne pouvaient deviner la ruse

C'est bien elle ! Ce ne pouvait être quelqu'un d'autre

Le vieux père se mit à sangloter

Pleurant cette femme de qualité, plaignant son fils absent

On recueillit les ossements, les obsèques furent conduites selon les rites

Aussitôt par la route, Thúc arriva

Bước vào chốn cũ lầu thơ,
Tro than một đống nắng mưa bốn tường.
Sang nhà cha tới trung đường,
Linh sàng bài vị thờ nàng ở trên.
Hỡi ôi! nói hết sự duyên,
Tơ tình đứt ruột lửa phiền cháy gan!
Gieo mình vật vã khóc than:
"Con người thế ấy thác oan thế này!
"Chắc rằng mai trúc lại vầy,
"Ai hay vĩnh quyết là ngày đưa nhau!
"Thương càng nghĩ, nghĩ càng đau,
"Dễ ai rấp thảm quạt sầu cho khuây".
Gần miền nghe có một thầy,
Phi phù trí quỷ cao tay thông huyền.
Trên tam đảo dưới cửu tuyền,
Tìm đâu thì cũng biết tin rõ ràng.
Sắm sanh lễ vật rước sang,
Xin tìm cho thấy mặt nàng hỏi han.

Parvenu à leur ancienne salle de lecture

Il ne trouva qu'un amas de cendres

Des pans de murs rongés par le soleil et la pluie

Chez son père, il aperçut dans la pièce médiane

Un autel funèbre, avec une tablette cultuelle

Hélas ! comment dire le désespoir de l'amant ?

Son amour perdu lui déchirait les entrailles

Sa douleur lui brûlait le cœur

Il se roula par terre, pleurant, se lamentant

Quelle mort injuste, pour une femme pareille

Nous étions sûrs, que s'uniraient à nouveau le bambou et l'abricotier

Qui eût pensé que l'au revoir devint un adieu

Le regret avive le souvenir, le souvenir aiguise la souffrance

Comment éteindre sa tristesse, étouffer sa douleur ?

Il apprit que dans la région exerçait un devin

Dont l'art et la science perçaient tous les mystères

Des trois pics du Paradis comme des neuf sources de l'Enfer

Il pouvait les explorer, en rapporter des nouvelles

Thúc l'invita, lui demanda de retrouver l'âme dè Kiều

Đạo nhân phục trước tĩnh đàn,
Xuất thần đây phút chưa tàn nén hương.
Trở về minh bạch nói tường:
"Mặt nàng chẳng thấy việc nàng đã tra.
"Người này nặng nghiệp oan gia,
"Còn nhiều nợ lắm sao đà thác cho!
"Mệnh cung đang mắc nạn to,
"Một năm nữa mới thăm dò được tin.
"Hai bên giáp mặt chiền chiền,
"Muốn nhìn mà chẳng dám nhìn, lạ thay!"
Nghe lời nói lạ dường này,
Sự nàng đã thế lời thầy dám tin!
Chẳng qua đồng cốt quàng xiên,
Người đâu mà lại thấy trên cõi trần?
Tiếc hoa những ngậm ngùi xuân,
Thân này dễ lại mấy lần gặp tiên!

*

Nước trôi hoa rụng đã yên,
Hay đâu địa ngục ở miền nhân gian!

Devant l'autel, le maître se prosterna

Tomba en extase, et l'encens à peine consumé

Revint à lui, déclarant sans ambages

Je ne l'ai guère vue, mais j'ai éclairci son cas

Un lourd karma pèse sur cette personne

Elle a maintes dettes à payer, comment pourrait-elle mourir ?

Elle est sous le coup d'un grand malheur

Un an se passera avant que vous n'ayiez de ses nouvelles

Alors, face à face vous serez, mais chose étrange

Vous voudrez vous regarder et vous ne l'oserez même pas

Divagations de médium ! comment les croire

Car plus jamais en ce monde on ne la reverra

Pleurant la fleur, Thúc pleurait le printemps perdu

La fée a disparu : on ne la reverra pas deux fois

*

Le flot avait arraché la fleur, tout semblait se calmer

Qui eût pensé que l'enfer se trouvât dans ce monde

Khuyển Ưng đã đắt mưu gian,
Vực nàng đưa xuống để an dưới thuyền.
Buồm cao lèo thẳng cánh suyền,
Đè chừng huyện Tích băng miền vượt sang.
Giã đò, lên trước sảnh đường,
Khuyển Ưng hai đứa nộp nàng dâng công.
Vực nàng tạm xuống môn phòng,
Hãy còn thiêm thiếp giấc nồng chưa phai.
Hoàng lương chợt tỉnh hồn mai,
Cửa nhà đâu mất lâu đài nào đây?
Bàng hoàng dở tỉnh dở say,
Sảnh đường mảng tiếng đòi ngay lên hầu.
Ả hoàn trên dưới giục mau,
Hãi hùng nàng mới theo sau một người.
Ngước trông tòa rộng dãy dài,
"Thiên quan trủng tể"có bài treo trên.
Ban ngày sáp thắp hai bên,
Giữa giường thất bảo ngồi trên một bà.

Khuyển, Ưng, ayant réussi leur noir complot
Transportèrent la jeune femme dans leur jonque
Qui toutes voiles dehors, cingla vers Vô Tích
Aussitôt débarqués, ils se présentèrent au palais
Et moyennant récompense, livrèrent leur butin
Kiều toujours endormie, transportée dans une dépendance
Se réveilla brusquement d'un sommeil lourd de rêves
Où donc ont disparu ses appartements ? Pourquoi ce palais ?
Elle n'avait pas encore recouvré ses esprits
Que de la salle d'honneur, une voix la manda d'urgence
Des servantes vinrent la presser, elle les suivit toute apeurée
Devant ses yeux s'érigeait un vaste édifice avec de longs couloirs
Le fronton portait les mots : Le Premier des Mandarins
En plein jour, des cierges brûlaient sur deux rangées
Une dame trônait sur un lit incrusté de nacre et d'or

Gạn gùng ngọn hỏi ngành tra,
Sự mình, nàng phải cứ mà gửi thưa.
Bất tình nổi trận mây mưa,
Mắng rằng: "Những giống bơ thờ quen thân.
"Con này chẳng phải thiện nhân,
"Chẳng phường trốn chúa thì quân lộn chồng.
"Ra tuồng mèo mả gà đồng,
"Ra tuồng lúng túng chẳng xong bề nào.
"Đã đem mình bán cửa tao,
Lại còn khủng khỉnh làm cao thế này!
"Nào là gia pháp, nọ bay!
"Hãy cho ba chục biết tay một lần!"
Ả hoàn trên dưới dạ rân,
Dẫu rằng trăm miệng khôn phân lẽ nào!
Trúc côn ra sức đập vào,
Thịt nào chẳng nát gan nào chẳng kinh!
Xót thay đào lý một cành,
Một phen mưa gió tan tành một phen!

Elle voulait fouiller les choses jusqu'aux racines, remonter
jusqu'aux branches

Kiều naïve et sincère, lui raconta son histoire

La dame soudain éclata de colère :

Vile aventurière, sûrement pas une honnête fille !

Servante en rupture de ban, épouse adultère

Chatte perdue, poule égarée dans un cimetière

Elle m'a bien l'air d'une hors-la-loi

Chez moi tu es vendue comme esclave

Et tu fais la fière ! allez-y, vous autres !

Trente coups de fouet, pour lui apprendre à vivre

Un chœur de servantes lui fit écho

Kiều aurait cent bouches qu'elle ne put placer un mot

Avec un bambou, on la roua de coups

Quelle chair n'eût été meurtrie, quel cœur n'eût
pas flanché ?

Pauvre rameau de pêcher déchiqueté par l'orage !

Hoa nô truyền dạy đổi tên,
Buồng the dạy ép vào phiên thị tì.
Ra vào theo lũ thanh y,
Dãi dầu tóc rối da chì quản bao!
Quản gia có một mụ nào,
Thấy người thấy nết ra vào mà thương,
Khi chè chén khi thuốc thang,
Đem lời phương tiện mở đường hiếu sinh.
Dạy rằng: "May rủi đã đành,
"Liễu bồ mình giữ lấy mình cho hay.
"Cũng là oan nghiệp chi đây,
"Sa cơ mới đến thế này, chẳng dưng.
"Ở đây tai vách mạch rừng.
"Thấy ai người cũ cũng đừng nhìn chi.
"Kẻo khi sấm sét bất kỳ,
"Con ong cái kiến kêu gì được oan!"
Nàng càng giọt ngọc như chan,
Nỗi lòng luống những bàn hoàn niềm tây:
"Phong trần kiếp chịu đã đầy
"Lầm than lại có thứ này bằng hai!

Ordre fut donné de changer son nom

Fleur-Esclave on l'appela; et la voici servante

Mêlée aux domestiques en livrée bleue

Les cheveux mal peignés, le teint prenant couleur de plomb

Une vieille gouvernante la prit en compassion

Lui donnait tantôt du thé, tantôt des médicaments

La consolait, cherchant à lui faire prendre goût à la vie

Ma fille, on n'échappe pas toujours à la malchance

Tâche de préserver ton corps frêle comme le saule

Sans doute paies-tu pour les fautes d'une vie antérieure ?
Pour en être là, il doit y avoir prédestination
Ici les murs ont des oreilles, chaque cloison vous suit des yeux
Retrouves-tu une connaissance, garde-toi de la reconnaître
Car à tout moment la foudre peut tomber
Et vile fourmi, tu ne saurais crier à l'injustice
Kiều fondit en larmes, de sombres pressentiments la rongeaient
Mon destin m'a traînée dans le vent et la poussière
Me voici accablée par un malheur encore pire

"Phận sao bạc chẳng vừa thôi?
"Khăng khăng buộc mãi lấy người hồng nhan.
"Đã đành túc trái tiền oan,
"Cũng liều ngọc nát hoa tàn mà chi!"
Những là nương náu qua thì,
Tiểu thư phải buổi mới về ninh gia.
Mẹ con trò chuyện lân la,
Phu nhân mới gọi nàng ra dạy lời:
"Tiểu thư dưới trướng thiếu người,
"Cho về bên ấy theo đòi lầu trang".
Lĩnh lời nàng mới theo sang,
Biết đâu địa ngục thiên đường là đâu!
Sớm khuya khăn mặt lược đầu,
Phận con hầu giữ con hầu dám sai!
Phải đêm êm ả chiều trời,
Trúc tơ hỏi đến nghề chơi mọi ngày.
Lĩnh lời nàng mới lựa dây,
Nỉ non thánh thót dễ say lòng người!

Destin plus noir que la nuit, pourquoi t'acharnes-tu

A prendre dans tes rets, une femme aux joues roses

Lourd est le poids des existences antérieures

Le jade brisé, la fleur flétrie, il faut tout accepter

Le temps passait dans l'attente des jours meilleurs

Arriva Hoạn Thư, rendant visite à sa mère

La dame avec sa fille, conversant de chose et d'autre

Fit appeler Kiều : Madame a besoin de personnel

Tu iras là-bas comme femme de chambre

Elle suivit donc Hoạn Thư sans trop savoir

Si l'enfer ou le paradis l'attendait

Matin et soir, elle rangeait serviettes et peignes

En servante soumise, soucieuse de son devoir

Par une nuit sereine, la maîtresse la questionna sur ses dons

Docile, elle accorda sa guitare et, susurrant leurs confidences

Les notes cristallines déversaient leur charme

Tiểu thư xem cũng thương tài,
Khuôn uy dường cũng bớt vài bốn phân.
Cửa người đày đọa chút thân,
Sớm năn nỉ bóng đêm ân hận lòng.
Lâm Tri chút nghĩa đèo bòng,
Nước bèo để chữ tương phùng kiếp sau!
Bốn phương mây trắng một màu,
Trông vời cố quốc biết đâu là nhà?

*

Lần lần tháng trọn ngày qua,
Nỗi gần nào biết đường xa thế này.
Lâm-Tri từ thuở uyên bay,
Phòng không thương kể tháng ngày chiếc thân.
Mày ai trăng mới in ngần,
Phấn thừa hương cũ bội phần xót xa!
Sen tàn cúc lại nở hoa,
Sầu dài ngày ngắn đông đà sang xuân.
Tìm đâu cho thấy cố nhân?
Lấy câu vận mệnh khuây dần nhớ thương.

La maîtresse sembla touchée par tant de talent
Son visage sévère parut s'adoucir
Ainsi, Kiều vivotait effacée
Dans la journée, confiant ses peines à son ombre
La nuit, noyée dans la tristesse qui inondait son cœur
Sans doute faudra-t-il attendre une prochaine existence
Pour renouer le fragile amour qu'à Lâm Tri ils ont tissé
De tous côtés, des nuages blancs couvraient l'horizon
Ses yeux s'usaient à regarder vers sa province natale
Mais comment revoir le toit familial ?

*

Lentement, les jours et les mois s'écoulaient
Thúc au loin ne pouvait douter d'un tel malheur
A Lâm Tri, la tourterelle s'était envolée
Et dans sa chambre vide, l'amant errait, solitaire
La lune, fin croissant lui rappelait les sourcils de sa bien-aimée
Un reste de parfum traînait, à lui déchirer le cœur
Les lotus se fanaient
Puis les chrysanthèmes se couvraient de fleurs
Les jours se faisaient brefs, mais s'allongeait sa tristesse
L'hiver passait, le printemps était là
Où retrouver maintenant la compagne de son cœur ?
Fatalité, se disait-il, essayant de tromper sa douleur

Chạnh niềm nhớ cảnh gia hương,
Nhớ quê, chàng lại tìm đường thăm quê.
Tiểu thư đón cửa giã giề,
Hàn huyên vừa cạn mọi bề gần xa.
Nhà hương cao cuốn bức là,
Phòng trong truyền gọi nàng ra lạy mừng.
Bước ra một bước một dừng,
Trông xa nàng đã tỏ chừng nẻo xa:
"Phải rằng nắng quáng đèn lòa,
"Rõ ràng ngồi đó chẳng là Thúc sinh?
"Bây giờ tình mới tỏ tình,
"Thôi thôi đã mắc vào vành chẳng sai!
"Chước đâu có chước lạ đời,
"Người đâu mà lại có người tinh ma!
"Rõ ràng thật lứa đôi ta,
"Làm ra con ở chúa nhà đôi nơi!
"Bề ngoài thơn thớt nói cười,
"Mà trong nham hiểm giết người không dao.

La nostalgie au terroir natal le tenaillait
Le souvenir du pays le lança sur le chemin du retour
Sa femme le reçut avec mille attentions
A peine eurent-ils achevé leurs effusions du retour
Que dans la maison qui embaumait, derrière les tentures relevées
Hoạn Thư ordonna à Kiều de venir saluer le maître
Elle avança, hésitante, pas à pas, de loin voyant tout
Est-ce le soleil qui m'aveugle, la lampe qui m'éblouit
Mais c'est bien lui, Thúc, là-bas assis ?
Dans le traquenard, bel et bien nous sommes tombés
Quelle ruse magistrale ! Quelle diabolique femme !
Nous sommes là, face à face, à chacun
Elle a assigné son rang, l'un maître, l'autre esclave
Distants l'un de l'autre, comme ciel et terre
Elle n'est que sourires et bonnes paroles
En son for intérieur, elle ourdit son complot
Et vous assassine sans poignard

"Bây giờ đất thấp trời cao,
"Ăn làm sao nói làm sao bây giờ?
Càng trông mặt càng ngẩn ngơ,
Ruột tằm đòi đoạn như tơ rối bời.
Sợ uy dám chẳng vâng lời,
Cúi đầu nép xuống sân mai một chiều.
Sinh đà phách lạc hồn xiêu:
"Thương ôi! chẳng phải nàng Kiều ở đây?
"Nhân làm sao đến thế này?
"Thôi thôi ta đã mắc tay ai rồi!"
Sợ quen, dám hở ra lời,
Khôn ngăn giọt ngọc sụt sùi nhỏ sa.
Tiểu thư trông mặt hỏi tra:
"Mới về có việc chi mà động dong?"
Sinh rằng: "Hiếu phục vừa xong,
"Suy lòng trắc dĩ đau lòng chung thiên!"
Khen rằng: "Hiếu tử đã nên!
"Tẩy trần mượn chén giải phiền đêm thu"

Que dire ? Que faire ?

Plus elle regardait Thúc, plus elle se troublait

Ses entrailles s'embrouillaient, la peur la saisit

Elle baissa la tête, s'effaça dans un coin

Thúc perdit ses esprits

Malheur, se dit-il, mais voici la belle Kiều

Comment a-t-elle pu échouer ici, dans cet état

Au piège nous sommes pris, et par quelle main !

Il n'osa la reconnaître, n'osa desserrer les dents

Des larmes inondèrent son visage

Sa femme le pressa de questions

A peine arrivé; pourquoi tant vous chagriner ?

Thúc répondit : Vous savez qu'un grand deuil m'afflige

Le souvenir de maman ne me quitte guère

Quelle grande piété, dit-elle, mais dissipons votre tristesse

La nuit est belle, buvons à votre retour

Vợ chồng chén tạc chén thù,
Bắt nàng đứng chực trì hồ hai nơi.
Bắt khoan bắt nhặt đến lời,
Bắt quỳ tận mặt bắt mời tận tay.
Sinh càng như dại như ngây,
Giọt dài giọt ngắn chén đầy chén vơi.
Ngảnh đi chợt nói chợt cười,
Cáo say chàng đã giạm bài lảng ra.
Tiểu thư vội thét: "Con Hoa!
"Khuyên chàng chẳng cạn thì ta có đòn!"
Sinh càng nát ruột tan hồn,
Chén mời phải ngậm bồ hòn ráo ngay!
Tiểu thư cười nói tỉnh say,
Chưa xong cuộc rượu lại bày trò chơi.
Rằng: "Hoa nô đủ mọi tài,
"Bản đàn thử dạo một bài chàng nghe!"
Nàng đà tán hoán tê mê,
Vâng lời ra trước bình the vặn đàn:

Les deux vidaient tasse après tasse

Kiều fut commise à verser à boire

Hoạn Thư multipliait ses exigences

L'obligeait à s'agenouiller face à Thúc

A lui remettre la tasse en ses propres mains

Thúc, abasourdi, mêlait ses larmes à l'alcool

Il se retournait, parlait au hasard, riait sans motif

Puis prétextant l'ivresse, demanda à se retirer

La jeune femme éclata : Fleur-Esclave
Tu ne sais offrir à boire, tu auras le fouet !

Ses entrailles déchirées, la mort dans l'âme

Thúc vida d'un trait la coupe d'amertume

Rieuse, bavarde, tantôt ivre, tantôt lucide

Hoạn Thư, à peine les libations terminées, enchaîna

Notre Fleur-Esclave est pleine de talent

Sur sa guitare, elle vous jouera un morceau

Kiều étourdie, anéantie, obéit

Se plaça au paravent, accorda son instrument

Bốn dây như khóc như than,
Khiến người trên tiệc cũng tan nát lòng!
Cùng trong một tiếng tơ đồng,
Người ngoài cười nụ người trong khóc thầm!
Giọt châu lã chã khôn cầm,
Cúi đầu chàng những gạt thầm giọt Tương.
Tiểu thư lại thét lấy nàng:
"Cuộc vui, gảy khúc đoạn trường ấy chi!
"Sao chẳng biết ý tứ gì?
"Cho chàng buồn bã tội thì tại ngươi!"
Sinh càng thảm thiết bồi hồi,
Vội vàng gượng nói gượng cười cho qua.
Giọt rồng canh đã điểm ba,
Tiểu thư nhìn mặt dường đà cam tâm.
Lòng riêng tấp tểnh mừng thầm:
"Vui này đã bõ đau ngầm xưa nay!"
Sinh thì gan héo ruột đầy,
Nỗi lòng, càng nghĩ càng cay đắng lòng.

Les quatre cordes se mirent à pleurer, à gémir
L'homme qui festoyait en eut le cœur brisé
Les mêmes accords tirés d'une corde de soie
Aux uns arrachaient des larmes amères; l'autre triomphante souriait
Thúc ne put retenir ses larmes
Baissant la tête, il les essuya discrètement
Pourquoi, cria la maîtresse, troubler notre joie
A jouer de si poignants morceaux, fais attention
Si ton maître verse dans la mélancolie
Sur toi retombera le châtiment
L'angoisse, le désarroi chez Thúc redoublèrent
Il se força à rire, à parler, pour faire passer l'orage
La clepsydre marquait déjà la troisième veille
Hoạn Thư dévisageant Kiều paraissait satisfaite
Son cœur tressaillait d'une joie mal contenue
Quelle compensation pour tout ce qu'elle avait en silence enduré!
Thúc croyait étouffer, plus il pensait à son malheur
Plus l'amertume lui brûlait le cœur

Người vào chung gối loan phòng,
Nàng ra tựa bóng đèn dong canh dài.
Bây giờ mới rõ tăm hơi,
Máu ghen đâu có lạ đời nhà ghen!
Chước đâu rẽ thúy chia uyên,
Ai ra đường nấy ai nhìn được ai!
Bây giờ một vực một trời,
Hết điều khinh trọng hết lời thị phi!
Nhẹ như bấc nặng như chì.
Gỡ cho ra nợ còn gì là duyên?
Lỡ làng chút phận thuyền quyên,
Bể sâu sóng cả có tuyền được vay?
Một mình âm ỷ đêm chầy,
Đĩa dầu vơi nước mắt đầy năm canh.
Sớm khuya hầu hạ đài doanh,
Tiểu thư chạm mặt đè tình hỏi tra.
Lựa lời nàng mới thưa qua:
"Phải khi mình lại xót xa nỗi mình".

Les deux époux regagnèrent leur chambre conjugale
Kiều, accoudée sous la lampe, passa la nuit
Maintenant les choses sont claires
Quelle jalousie ! quelle femme peu commune !
Elle nous a séparés comme de faibles tourterelles
Nous avons chacun notre rang, sans oser nous reconnaître
Maintenant un abîme nous sépare
Finis les propos badins, les paroles graves
Des liens m'enchaînent, ténus comme la soie, lourds comme du plomb
Même si je m'en défais, que resterait-il de notre amour ?
Frêle femme perdue au sort incertain
Sortirai-je saine et sauve de cet océan en furie
Elle ruminait son malheur, seule dans la nuit
L'huile de la veilleuse s'épuisait
Ses yeux s'embuaient de larmes, au long des cinq veilles
Elle faisait son service dans le palais, jour et nuit
Hoạn Thư un jour l'aborda, la pressant de questions
Pesant ses mots, Kiều répondit brièvement
Il m'arrive, madame, de m'apitoyer sur mon sort

Tiểu thư lại hỏi Thúc sinh:
"Cậy chàng tra lấy thực tình cho nao!"
Sinh đà rát ruột như bào,
Nói ra chẳng tiện trông vào chẳng đang!
Những e lại lụy đến nàng,
Đánh liều mới sẽ lựa đường hỏi tra,
Cúi đầu quỳ trước sân hoa,
Thân cung nàng mới thảo qua một tờ.
Diện tiền trình với tiểu thư,
Thoắt xem dường có ngẩn ngơ chút tình.
Liền tay trao lại Thúc sinh,
Rằng: "Tài nên trọng mà tình nên thương!
"Ví chăng có số giàu sang,
"Giá này dẫu đúc nhà vàng cũng nên!
"Bể trần chìm nổi thuyền quyên.
"Hữu tài thương nổi vô duyên lạ đời!"
Sinh rằng: "Thật có như lời,
"Hồng nhan bạc mệnh một người nào vay!

La dame s'adressa à son mari : Interrogez-la
Tâchez de tirer les choses au clair
On raboterait ses entrailles à Thúc, il en souffrirait moins
Comment parler à Kiều, comment la regarder en face ?
Mais de peur qu'il ne lui arrivât encore malheur
Il se risqua à lui poser quelques questions
Baissant la tête, elle s'agenouilla dans la cour
Présenta à ses maîtres un bref mémoire
Séance tenante, le papier fut soumis à Hoạn Thư
Qui le parcourant, sembla en être émue
Elle le remit à Thúc disant

Son talent mérite estime, son malheur mérite pitié

Si elle était née sous une meilleure étoile

Elle aurait vécu dans un palais de jade et d'or

La voici, ballotée dans cet océan de poussière

Quelle infortune pour tant de dons !

Thúc répondit : C'est bien vrai

Les femmes aux joues roses, au destin cruel

"Nghìn xưa âu cũng thế này,
"Từ bi âu liệu bớt tay mới vừa".
Tiểu thư rằng: "Ý trong tờ,
"Rắp đem mệnh bạc xin nhờ cửa không.
"Thôi thì thôi cũng chiều lòng,
"Cũng cho khỏi lụy trong vòng bước ra.
"Sẵn Quan Âm các vườn ta,
"Có cây trăm thước có hoa bốn mùa.
"Có cổ thụ có sơn hồ,
"Cho nàng ra đó giữ chùa chép kinh".
Tưng tưng trời mới bình minh,
Hương hoa ngũ cúng sắm sanh lễ thường.
Đưa nàng đến trước Phật đường,
Tam quy ngũ giới cho nàng xuất gia.
Áo xanh đổi lấy cà sa,
Pháp danh lại đổi tên ra Trạc Tuyền.
Sớm khuya tính đủ dầu đèn,
Xuân Thu, cắt sẵn hai tên hương trà.

Depuis des millénaires ont toujours ainsi souffert

Par miséricorde, ayez la main plus légère

Hoạn Thư dit : Sa requête dit qu'elle aimerait

Mettre son frêle destin sous la protection de Bouddha

Soit, je veux bien lui complaire

La délivrer de ce cercle du malheur

Notre jardin abrite un temple dédié à Quan Âm[29]

Y pousse l'Arbre de cent coudées

Y fleurit le Lotus des quatre saisons [30]

Au milieu des arbres séculaires, des pièces d'eau

Elle ira réciter ses prières, et garder le temple

L'aube à peine venait de se lever

Encens, fleurs, offrandes rituelles tout était prêt

Devant l'autel de Bouddha, on conduisit Kiều

Elle fit vœu de suivre les Trois Règles, les Cinq Abstinences[31]

La livrée bleue fut échangée contre la cape de religieuse

Désormais elle sera la nonne Trạc Tuyền

Matin et soir, elle entretenait le feu sur l'autel

Deux servantes faisaient le service de l'encens et du thé

Nàng từ lánh gót vườn hoa,
Dường gần rừng tía dường xa bụi hồng.
Nhân duyên đâu lại còn mong?
Khỏi điều thẹn phấn tủi hồng thì thôi.
Phật tiền thảm lấp sầu vùi,
Ngày pho thủ tự đêm nồi tâm hương.
Cho hay giọt nước cành dương,
Lửa lòng tưới tắt mọi đường trần duyên.
Nâu sồng từ trở màu thiền,
Sân thu trăng đã vài phen đứng đầu.
Quan phòng then nhặt lưới mau,
Nói lời trước mặt rơi châu vắng người.
Gác kinh viện sách đôi nơi,
Trong gang tấc lại gấp mười quan san.
Những là ngậm thở nuốt than,
Tiểu thư phải buổi vấn an về nhà.
Thừa cơ, sinh mới lẻn ra,
Xăm xăm đến mé vườn hoa với nàng.

Dans sa retraite, au fond de ce jardin fleuri
Comme semblait loin le monde de poussière
Et combien proche l'ombre de la pourpre forêt[32]
De l'amour terrestre, il fallait faire son deuil
N'avoir plus à rougir de sa beauté restait la seule joie
Aux pieds de Bouddha enterrant sa douleur
Le jour elle recopiait les textes sacrés, et la nuit
Sa ferveur montait avec l'encens qui brûlait
Il avait suffi de quelques gouttes d'eau tombant d'un rameau de saule[33]
Pour éteindre le feu des passions, et du siècle laver toute poussière
Maintes fois, la lune avait au zénith passé
Depuis qu'elle avait revêtu le manteau brun des nonnes
Les verrous étaient solides, une surveillance sévère
Tissait autour d'elle un filet à mailles serrées
Avec les gens, elle bavardait, mais seule, pleurait, pleurait
De son oratoire, elle voyait le cabinet de Thúc
Un empan les séparait, plus que fleuves et monts
Lui, contenait avec peine pleurs et soupirs
Un matin, sa femme s'absenta, allant voir ses parents
Il en profita, tout droit dans le jardin, courut vers Kiều

Sụt sùi giở nỗi đoạn trường,
Giọt châu tầm tã đượm tràng áo xanh:
"Đã cam chịu bạc với tình,
"Chúa xuân để tội một mình cho hoa!
"Thấp cơ thua trí đàn bà,
"Trông vào đau ruột nói ra ngại lời.
"Vì ta cho lụy đến người,
"Cát lầm ngọc trắng thiệt đời xuân xanh.
"Quản chi lên thác xuống ghềnh,
"Cũng toan sống thác với tình cho xong.
"Tông đường chút chửa cam lòng,
"Cắn răng bẻ một chữ đồng làm hai.
"Thẹn mình đá nát vàng phai,
"Trăm thân dễ chuộc một lời được sao?"
Nàng rằng: "Chiếc bách sóng đào,
"Nổi chìm cũng mặc lúc nào rủi may!
"Chút thân quằn quại vũng lầy,
"Sống thừa còn tưởng đến rày nữa sao?

Etouffant ses sanglots, lui conta son désespoir

Les larmes trempaient sa tunique bleue

J'ai trahi, hélas mon amour; le Dieu du printemps

Sur la fleur seule, a déversé tout le poids de l'infortune

Homme faible, vaincu par la malice d'une femme

En silence, le cœur brisé, j'assiste à votre martyre

Par ma faute, sur votre tête a fondu le malheur

Dans le sable vil, le jade est tombé

En son printemps, votre vie est sacrifiée

A braver rapides et abîmes, j'étais résolu

Vivre et mourir pour mon amour, j'étais prêt

Hélas, des obligations filiales me ligotent [34]

Grinçant des dents, j'ai dû briser notre union

Comme l'or se ternit et s'use la pierre

Quelle honte d'avoir laissé s'effacer mon serment

Vivrais-je cent existences, je ne rachèterais pas une parole manquée !

Elle dit : Frêle esquif sur une mer agitée

Je coule ou flotte au gré du hasard

Pauvre être se débattant dans la boue d'un marécage

Je n'ai jamais pensé survivre jusqu'à ce jour

"Cũng liều một giọt mưa rào,
"Mà cho thiên hạ trông vào cũng hay!
"Xót vì cầm đã bén dây,
"Chẳng trăm năm cũng một ngày duyên ta.
"Liệu bài mở cửa cho ra,
"Ấy là tình nặng ấy là ân sâu!"
Sinh rằng: "Riêng tưởng bấy lâu,
"Lòng người nham hiểm biết đâu mà lường.
"Nữa khi giông tố phũ phàng,
"Thiệt riêng đấy cũng lại càng cực đây.
"Liệu mà xa chạy cao bay,
"Ái ân ta có ngần này mà thôi!
"Bây giờ kẻ ngược người xuôi,
"Biết bao giờ lại nối lời nước non?
"Dẫu rằng sông cạn đá mòn,
"Con tằm đến thác cũng còn vương tơ!"
Cùng nhau kể lể sau xưa,
Nói rồi lại nói lời chưa hết lời.

La goutte de pluie reste là où elle est tombée
Ne pouvant que s'offrir en spectacle au monde
Reste que nous avons naguère accordé nos guitares
Ne fût-ce qu'un moment, l'amour nous a unis
Au nom de cet amour, tâchez de me sortir d'ici
Ma gratitude vous sera toujours acquise
Thúc répondit : Je l'ai toujours pensé
Perfide est son cœur, insondables ses projets
L'orage pourrait à tout moment éclater
Vous accablant encore et me brisant le cœur
Fuyez, notre amour n'aura qu'un moment
Nous suivrons chacun notre chemin, quand hélas
Pourrions-nous renouer les liens qui unissent nos cœurs ?
Les fleuves peuvent tarir, les rochers tomber en poussière
Mort, le ver à soie reste lié par le fil qu'il a tissé
Ils évoquèrent longuement les jours passés
Se dirent mille choses, vidant leur cœur

Mặt trông tay chẳng nỡ rời,
Hoa tì đã động tiếng người nẻo xa.
Nhận ngừng nuốt tủi đứng ra,
Tiểu thư đâu đã rẽ hoa bước vào.
Cười cười nói nói ngọt ngào,
Hỏi: "Chàng mới ở chốn nào lại chơi?"
Dối quanh, Sinh mới liệu lời:
"Tìm hoa quá bước xem người viết kinh".
Khen rằng: "Bút pháp đã tinh,
"So vào với thiếp Lan-đình, nào thua!
"Tiếc thay lưu lạc giang hồ,
"Nghìn vàng thật cũng nên mua lấy tài!"
Thiền trà cạn nước hồng mai,
Thong dong nối gót thư trai cùng về.
Nàng càng e lệ ủ ê,
Rỉ tai hỏi lại hoa tì trước sau.
Hoa rằng: "Bà đến đã lâu,
"Nhón chân đứng nép độ đâu nửa giờ.

Ne se quittant pas des yeux, leurs mains restant enlacées

Une servante donna l'alerte, Thúc voulut s'esquiver

Hoạn Thư était là, surgissant d'entre les fleurs

Elle riait, parlait, avenante, mielleuse

Ami, quel hasard vous a conduit par ici ?

Thúc répondit par un mensonge embarrassé

Cueillant des fleurs, j'ai poussé jusqu'en cet endroit

Me suis arrêté pour la voir copier ses textes

Elle s'exclama : Quel coup de pinceau, du vrai Lan Đình [35]

Dommage qu'une telle personne mène une vie d'aventure

Un pareil talent vaut bien mille taëls d'or

Ils vidèrent une tasse de thé au parfum d'abricotier

Et les deux époux flânant regagnèrent leur villa

Kiều n'en pouvait plus, accablée de honte

La servante lui confia : Madame était là

Venue sans bruit, et cachée une bonne demi-heure

"Rành rành kẽ tóc chân tơ,
"Mấy lời nghe hết đã dư tỏ tường.
"Bao nhiêu đoạn khổ tình thương,
"Nỗi ông vật vã nỗi nàng thở than.
"Ngăn tôi đứng lại một bên,
"Chán tai rồi mới bước lên trên lầu"
Nghe thôi kinh hãi xiết đâu:
"Đàn bà thế ấy thấy âu một người!
"Ấy mới gan ấy mới tài!
"Nghĩ càng thêm nỗi sởn gai rụng rời!
"Người đâu sâu sắc nước đời,
"Mà chàng Thúc phải ra người bó tay!
"Thực tang, bắt được dường này,
"Máu ghen ai cũng chau mày nghiến răng.
"Thế mà im chẳng đãi đằng,
"Chào mời vui vẻ nói năng dịu dàng!
"Giận dầu ra dạ thế thường,
"Cười này mới thực khôn lường hiểm sâu!

Elle a tout entendu. Pas un brin ne lui a échappé
De vos malheurs, de votre amour
Des lamentations de Monsieur, de vos plaintes
Elle m'a ordonné de ne point bouger
Puis, ses oreilles rassasiées, est montée à cet étage
Le récit plongea Kiều dans l'effroi
Une femme de cet acabit, on n'en trouvera pas deux
Quelle malice, quelle force de caractère !
J'ai la chair de poule rien que d'y penser
Avec une femme pareille, pauvre Thúc
Comment s'étonner qu'il n'aie les mains liées !
Elle nous a surpris en flagrant délit
De jalousie, quelle femme n'aurait grincé des dents
Elle a passé outre, parlé avec douceur, salué avec grâce
Se fâcher eût été vulgaire, comment sonder
Quelqu'un qui d'un sourire sait masquer sa colère

"Thân ta, ta phải lo âu,
"Miệng hùm nọc rắn ở đâu chốn này!
"Ví chăng chắp cánh cao bay,
"Rào cây lâu cũng có ngày bẻ hoa!
"Phận bèo bao quản nước sa,
"Lênh đênh đâu nữa cũng là lênh đênh.
"Chỉ e quê khách một mình,
"Tay không chưa dễ tìm vành ấm no!"
Nghĩ đi nghĩ lại quanh co,
Phật tiền sẵn có mọi đồ kim ngân.
Bên mình giắt để hộ thân,
Lần nghe canh đã một phần trống ba.
Cất mình qua ngọn tường hoa,
Lần đường theo bóng trăng tà về tây.
Mịt mù dặm cát đồi cây,
Tiếng gà điếm nguyệt dấu giày cầu sương.
Canh khuya thân gái dặm trường,
Phần e đường sá phần thương dãi dầu !

Je dois veiller à mon propre sort

Je suis dans la gueule du fauve, sous les dards du serpent

Il est grand temps de prendre le large
On grimpe d'abord sur l'arbre, puis on arrachera la fleur
Qu'importe à une lentille d'eau, d'être ballotée par les flots
Ici ou là, à la dérive toujours elle sera
Une seule chose m'effraie : seule en pays étranger
Les mains vides, comment chercher abri et nourriture ?
Sa pensée s'emmêlait en mille détours
Des bibelots en or et en argent se trouvaient devant l'autel
Elle les empocha; dans la nuit quelque part
Un tambour sonna la troisième veille
Elle sauta le mur, s'orientant vers la lune qui déclinait
Suivit à tâtons un chemin qui vers l'ouest menait
Buissons, chemins sablonneux perdus dans la brume
Coqs qui chantaient à la lune, sous les abris
Traces de pas sur les ponts que couvrait la rosée
Une femme seule marchait, la nuit, dans ce paysage étranger
Elle avait peur de la grand'route de la pluie, du vent

Trời đông vừa rạng ngàn dâu,
Bơ vơ nào đã biết đâu là nhà !
Chùa đâu trông thấy nẻo xa,
Rành rành Chiêu ẩn am *ba chữ bài.*
Xăm xăm gõ mái cửa ngoài,
Trụ trì nghe tiếng rước mời vào trong.
Thấy màu ăn mặc nâu sồng,
Giác Duyên sư trưởng lành lòng liền thương.
Gạn gùng ngành ngọn cho tường,
Lạ lùng nàng hãy tìm đường nói quanh :
"Tiểu thiền quê ở Bắc-kinh,
"Quy sư quy Phật tu hành bấy lâu.
" Bản sư rồi cũng đến sau,
"Dạy đưa pháp bảo sang hầu sư huynh".
Rày vâng diện hiến rành rành,
Chuông vàng khánh bạc bên mình giở ra,
Xem qua sư mới dạy qua :
"Phải ni Hằng Thủy là ta hậu tình.

L'aurore déjà resplendissait sur les vertes mûraies

Que toujours vagabonde, elle errait, sans savoir où conduire ses pas

Une pagode se voyait au loin, sur son fronton

On lisait "Bienheureuse Retraite"

Tout droit elle y alla, frappa au portail

Une nonne vint ouvrir, l'invita à entrer

Comme l'étrangère portait la cape des religieuses

La Supérieure Giác Duyên aussitôt la prit en affection

La questionna, et Kiều d'inventer toute une histoire

Humble novice, originaire de Pékin

Depuis quelque temps, je suis dans les ordres

Ma Supérieure viendra ici plus tard

Me chargeant de vous apporter ces trésors du culte

Elle lui présenta une clochette en or, un gong en argent

La Supérieure : Serait-ce de Hằng Thủy, ma meilleure amie ?

"Chỉn e đường sá một mình,
"Ở đây chờ đợi sư huynh ít ngày".
Gửi thân được chốn am mây,
Muối dưa đắp đổi tháng ngày thong dong.
Kệ kinh cây cũ thuộc lòng,
Hương đèn việc trước trai phòng quen tay.
Sớm khuya lá bối phướn mây,
Ngọn đèn khêu nguyệt tiếng chầy nện sương
Thấy nàng thông tuệ khác thường,
Sư càng nể mặt nàng càng vững chân.
Cửa thiền vừa cữ cuối xuân,
Bóng hoa đầy đất vẻ ngân ngang trời.
Gió quang mây tạnh thảnh thơi,
Có người đàn việt lên chơi cửa già.
Giở đồ chuông khánh xem qua,
Khen rằng : "Khéo giống của nhà Hoạn nương !"
Giác Duyên thực ý lo lường,
Đêm thanh mới hỏi lại nàng trước sau.

J'ai peur de vous voir seule sur la grand'route
Restez ici quelques jours, à l'attendre
Kiều trouva un refuge, coulant des jours tranquilles
Sel et légumes fournissaient le menu quotidien
Prières, psalmodies, jeûnes, abstinences
Cierges, encens, tout lui était déjà familier
Elle savait les textes sacrés écrits sur les feuilles
Connaissait l'usage des bannières rituelles
Allumait la veilleuse quand la lune paraissait
Sonnait la cloche à l'heure de la rosée
On la trouvait fort intelligente et cultivée
La Supérieure la tenait en haute estime
Et davantage, elle se sentait rassurée
Le printemps allait sur sa fin
Des fleurs jonchaient le sol, au ciel
La voie lactée se déployait, écharpe de lumière
Par un jour serein, sans nuages
Une fidèle rendit visite au monastère
Son regard tomba sur la clochette et le gong
Ils ressemblent, dit-elle, à ceux de Dame Hoạn
Giác Duyên, surprise dans sa bonne foi, s'inquiéta
Dans la nuit, elle interrogea longuement Kiều

Nghĩ rằng khôn nỗi giấu màu
Sự mình, nàng mới gót đầu bày ngay :
"Bây giờ sự đã dường này,
"Phận hèn dù rủi dù may tại người".
Giác Duyên nghe nói rụng rời;
Nửa thương nửa sợ bồi hồi chẳng xong.
Rỉ tai mới kể sự lòng :
"Ở đây cửa Phật là không hẹp gì.
"E chăng những sự bất kỳ,
"Để nàng cho đến thế thì cũng thương !
"Lánh xa trước liệu tìm đường,
"Ngồi chờ nược đến nên dường còn quê".
Có nhà họ Bạc bên kia.
Am mây quen lối đi về dầu hương/
Nhắn sang dặn hết mọi đường,
Dọn nhà hãy tạm cho nàng trú chân.
Những mừng được chốn an thân,
Vội vàng nào kịp tính gần tính xa.
Nào ngờ cùng tổ bợm già,
Bạc bà học với Tú bà đồng môn !

Qui se sachant découverte, lui conta ses aventures
Maintenant, au point où en sont les choses
Qu'il m'arrive heur ou malheur
Entre vos mains, je remets mon sort
Giác Duyên, à ces mots, saisie d'épouvante
Resta partagée entre la pitié et la crainte
Elle glissa aux oreilles de Kiều
La maison de Bouddha est à tous ouverte
Cependant j'ai peur, un malheur est vite arrivé
Je me résous mal à vous replonger dans l'infortune
Fuyez loin d'ici, n'attendez pas
Que la crue, jusqu'à vos pieds, vous talonne
Non loin vivaient les Bạc, bons dévots
Qui souvent portaient au monastère huile et encens
La Supérieure leur fit mille recommandations
Ils s'offrirent d'héberger la malheureuse
Toute ravie de trouver un refuge
Kiều ne put, dans sa hâte, soupeser le pour et le contre
Pouvait-elle s'en douter ? Elle échoua dans un nid de vipères
Dame Bạc, formée à la même école que Tú Bà

Thấy nàng mặn phấn tươi son.
Mừng thầm được mối bán buôn có lời.
Hư không đặt để nên lời,
Nàng đà nhớn nhác rụng rời lắm phen.
Mụ càng xui giục cho nên,
Lấy lời hung hiểm ép duyên Châu Trần.
Rằng : "Nàng muôn dặm một thân,
"Lại mang lấy tiếng dữ gần lành xa.
"Khéo oan gia của phá gia,
"Còn ai dám chứa vào nhà nữa đây
"Kíp toan kiếm chốn xe dây,
"Không dưng chưa dễ mà bay đường trời!
"Nơi gần thì chẳng tiện nơi,
"Nơi xa thì chẳng có người nào xa.
"Này chàng Bạc Hạnh cháu nhà,
"Cũng trong thân thích ruột rà chẳng ai.
"Cửa hàng buôn bán châu Thai,
"Thật thà có một đơn sai chẳng hề.

Appréciant fort les charmes de sa pensionnaire

Se frotta les mains d'avoir fait une bonne affaire

Elle inventait mille histoires, terrorisait Kiều,
la traquait

Perfide, menaçante, l'acculait au mariage

Tu es seule, ma fille, loin des tiens

En ces lieux, on te prête bien mauvaise réputation

Tu es de cette gent maudite qui attire le malheur

Qui aurait le courage de t'héberger longtemps ?

Dépêche-toi de te caser; en cas de malheur

Même avec des ailes, tu ne saurais t'échapper

Des partis, proches ou lointains, je n'en
vois guère

J'ai juste un neveu, Bạc Hạnh, un parent, non
un étranger

Au district de Thai, il tient boutique

Honnête comme pas un, tenant toujours parole

"Thế nào nàng cũng phải nghe,
"Thành thân rồi sẽ liệu về châu Thai.
"Bấy giờ ai lại biết ai,
"Dầu lòng bể rộng sông dài thênh thênh.
"Nàng dù quyết chẳng thuận tình,
"Trái lời nẻo trước lụy mình đến sau".
Nàng càng mặt ủ mày chau,
Càng nghe mụ nói càng đau như dần.
Nghĩ mình túng đất sẩy chân,
Thế cùng, nàng mới xa gần thở than:
"Thiếp như con én lạc đàn,
"Phải cung rày đã sợ làn cây cong!
"Cùng đường dù tính chữ tòng,
"Biết người biết mặt biết lòng làm sao?
"Nữa khi muôn một thế nào,
"Bán hùm buôn sói chắc vào lưng đâu?
"Dù ai lòng có sở cầu,
"Tâm minh xin quyết với nhau một lời.
"Chứng minh có đất có trời,
"Bấy giờ vượt bể ra khơi quản gì?"

Ecoute-moi bien, tu ne saurais faire autrement

Après les épousailles, tu iras au district de Thai

Qui pourrait alors te reconnaître ? Libre tu seras

Comme en plein océan, ou sur un grand fleuve

Ne désobéis pas, un malheur ne vient pas seul

Kiều écoutait, sombre, les sourcils froncés

Chaque mot, comme un coup de fouet lui brisait la chair

Elle se savait fourvoyée, dans l'impasse

Acculée, elle s'écria : Hirondelle perdue, blessée

J'ai peur du moindre rameau qui me rappelle l'arc meurtrier

A bout de ressources, accepterais-je d'épouser quelqu'un

Encore faut-il le connaître, et son visage et son cœur ?
A faire commerce de fauves, sur qui puis-je compter
S'il m'arrive d'être accablée par le malheur ?
Que l'homme qui me choisit comme épouse
D'un cœur sincère, avec moi, prête serment !
Qu'il prenne à témoin le Ciel et la Terre
Que m'importe alors d'affronter le vaste océan

Được lời mụ mới ra đi,
Mách tin họ Bạc tức thì sắm sanh.
Một nhà dọn dẹp linh đình,
Quét sân đặt trác rửa bình thắp nhang.
Bạc sinh quỳ xuống vội vàng,
Qúa lời nguyện hết Thành hoàng Thổ công.
Trước sân lòng đã giãi lòng,
Trong màn làm lễ tơ hồng kết duyên.
Thành thân mới rước xuống thuyền,
Thuận buồm một lá xuôi miền châu Thai.
Thuyền vừa đỗ bến thảnh thơi,
Bạc sinh lên trước tìm nơi mọi ngày.
Cũng nhà hành viện xưa nay,
Cũng phường bán thịt cũng tay buôn người.
Xem người định giá vừa rồi,
Mối hàng một đã ra mười thì buông.
Mượn người thuê kiệu rước nàng,
Bạc đem mặt bạc kiếm đường cho xa!

Ce consentement arraché, la vieille avertit la famille
Qui aussitôt fit les préparatifs du mariage
La maison connut le faste des grands jours
Cour balayée, autel en place, encens allumé
Le jeune Bạc s'agenouillant en toute hâte
Invoqua pêle-mêle les dieux du Ciel, les génies de la Terre
Dans la cour, ayant juré de la sincérité de son cœur
Il se retira derrière les tentures, accomplir ses devoirs d'époux
Le mariage consommé, on s'embarqua en cortège
Au fil du vent, la jonque cingla vers le district de Thai
A peine eut-on sans encombre accosté au port
Que le jeune Bạc fila vers des quartiers connus
C'étaient les mêmes boîtes, avec les mêmes gens
Trafiquant de chair humaine, faisant commerce de femmes
On vint voir la jeune personne, marchanda du prix
Obtenant dix fois son avance, le vendeur lâcha sa marchandise
On loua une chaise à porteurs pour la jeunne femme
Le triste sire, avec sa triste figure, s'esquiva

Kiệu hoa đặt trước thềm hoa,
Bên trong thấy một mụ ra vội vàng,
Đưa nàng vào lạy gia đường,
Cũng thần mày trắng cũng phường lầu xanh!
Thoắt trông nàng đã biết tình,
Chim lồng khôn lẽ cất mình bay cao.
Chém cha cái số hoa đào,
Gỡ ra rồi lại buộc vào như chơi!
Nghĩ đời mà ngán cho đời,
Tài tình chi lắm cho trời đất ghen!
Tiếc thay nước đã đánh phèn,
Mà cho bùn lại vẩn lên mấy lần!
Hồng quân với khách hồng quần,
Đã xoay đến thế còn vần chưa tha.
Lỡ từ lạc bước, bước ra,
Cái thân liệu những từ nhà liệu đi.
Đầu xanh đã tội tình gì?
Má hồng đền quá nửa thì chưa thôi.

La chaise s'arrêta devant un perron fleuri

Une dame sortit en hâte de la maison

Et consuisit Kiều devant l'autel familial

C'était le même dieu aux blancs sourcils, le même pavillon vert

D'un regard avait tout compris

Oiseau en cage, comment pourrait-elle s'envoler ?

Elle s'écria : Maudit soit mon destin, dont les fils

Comme à plaisir, se nouent et se desserrent

A penser à ma vie, quel immense désespoir

Cumuler trop de dons pour rendre jaloux les dieux !

L'alun a clarifié l'eau trouble
Peine perdue ! A nouveau la boue remonte
Créateur, pourquoi t'acharner contre une faible femme
Tu l'as ballotée d'écueil en écueil, d'abîme en abîme

Fourvoyée je suis, dès les premiers pas

J'en ai pris mon parti, quittant la maison paternelle

Quels crimes ai-je commis, dans mes vertes années

Le temps des joues roses est plus qu'à moitié passé

Biết thân chạy chẳng khỏi trời,
Cũng liều mặt phấn cho rồi ngày xanh.

*

Lần thâu gió mát trăng thanh,
Bỗng đâu có khách biên đình sang chơi.
Râu hùm hàm én mày ngài,
Vai năm tấc rộng thân mười thước cao.
Đường đường một đấng anh hào,
Côn quyền hơn sức lược thao gồm tài.
Đội trời đạp đất ở đời,
Họ Từ tên Hải vốn người Việt Đông
Giang hồ quen thú vẫy vùng,
Gươm đàn nửa gánh non sông một chèo.
Qua chơi nghe tiếng nàng Kiều,
Tấm lòng nhi nữ cũng xiêu anh hùng.
Thiếp danh đưa đến lầu hồng,
Hai bên cùng liếc hai lòng cùng ưa.

Et toujours je traîne le poids du châtiment
On ne saurait échapper à la vengeance du Ciel
Sacrifions ce visage fardé
Aux beaux jours du printemps de ma vie, adieu !

*

Vents frais, lune claire, le temps lentement s'écoulait
Vint un homme des marches lointaines
Barbe de fauve, menton en bec d'aronde
Sourcils épais, tels des vers à soie
Larges épaules, taille de dix pieds
Il était bâti comme un héros de légende
Sans rival à l'épée, stratège émérite
Il foulait le sol d'un pas fier
N'ayant au-dessus de sa tête que le ciel étoilé
Homme du Việt Đông, Từ Hải il se nommait
Libre, il voguait, l'épée et la guitare sur ses épaules
Son aviron le conduisait par delà les fleuves et les monts
De passage, il eut vent de la renommée de Kiều
Un visage de femme bien souvent subjugue l'âme des héros
Il fit passer sa carte au pavillon rose
Au premier regard, les deux cœurs se sentirent liés

Từ rằng: "Tâm phúc tương cờ,
"Phải người trăng gió vật vờ hay sao?
"Bấy lâu nghe tiếng má đào,
"Mắt xanh chẳng để ai vào có không?
"Một đời được mấy anh hùng,
"Bõ chi cá chậu chim lồng mà chơi!"
Nàng rằng:"Người dạy quá lời,
"Thân này còn dám xem ai làm thường!
"Chút riêng chọn đá thử vàng,
"Biết đâu mà gửi can trường vào đâu?
"Còn như vào trước ra sau,
"Ai cho kén chọn vàng thau tại mình!"
Từ rằng: "Lời nói hữu tình,
"Khiến người lại nhớ câu Bình Nguyên Quân.
"Lại đây xem lại cho gần,
"Phỏng tin được một vài phần hay không?"
Thưa rằng: "Lượng cả bao dong,
"Tấn Dương được thấy mây rồng có phen.
"Rộng thương cỏ nội hoa hèn,
"Chút thân bèo bọt dám phiền mai sau!"

Từ Hải dit : Nous sommes faits l'un pour l'autre
Non pour de brèves rencontres sous la lune et le vent
Depuis longtemps, je connais de renom votre beauté
Est-il vrai que ces yeux bleus n'ont agréé personne ?[36]
Je vous comprends. Les héros ne sont pas légion
Vaut-il la peine de fréquenter des hommes du commun
Ces poissons d'aquarium, oiseaux de volière ?
Kiều répondit : Vous m'accordez trop de bonté
Telle que je suis, comment mépriserais-je quelqu'un ?
En mon for intérieur, je cherche bien à éprouver l'or
Mais où trouver celui à qui confier mon âme ?
Parmi ceux que le hasard amène ici
Or ou laiton, il ne m'est guère permis de choisir
Từ Hải : Quelles savoureuses paroles
C'est à vous rappeler Bình Nguyên Quân[37]
Approchez, regardez de bien près, dites
Dans quelle mesure, je mérite ou non confiance
Kiều : Votre grand cœur m'accepterait, certainement
J'aurai la chance de voir le dragon s'unir aux nuages[38]
Prendriez-vous en pitié cette humble fleur des champs
La frêle herbe, l'écume flottante que je suis
Implorerait pour toujours votre protection

Nghe lời, vừa ý gật đầu,
Cười rằng: "Tri kỷ trước sau mấy người?
"Khen cho con mắt tinh đời,
"Anh hùng đoán giữa trần ai mới già!
"Một lời đã biết đến ta,
"Muôn chung nghìn tứ cũng là có nhau!"
Hai bên ý hợp tâm đầu,
Khi thân chẳng lọ là cầu mới thân!
Ngỏ lời nói với băng nhân,
Tiền trăm lại cứ nguyên ngân phát hoàn.
Buồng riêng sửa chốn thanh nhàn,
Đặt giường thất bảo vây màn bát tiên.
Trai anh hùng gái thuyền quyên,
Phỉ nguyền sánh phượng đẹp duyên cưỡi rồng.

*

Nửa năm hương lửa đương nồng,
Trượng phu thoắt đã động lòng bốn phương.
Trông vời trời bể mênh mang,
Thanh gươm yên ngựa lên đường thẳng giong.

Từ Hải hocha de la tête riant aux éclats
Combien d'amis en cette vie qui vous comprennent
J'admire votre clairvoyance. Quel coup d'œil !
Discerner un héros perdu dans la poussière du monde
Par ce mot, vous m'avez jaugé, avec vous je resterai
Eussé-je en main mille chars et dix mille boisseaux[39]
Leurs cœurs et leurs esprits étaient en parfait accord
Ils étaient destinés à s'aimer, en fallait-il davantage ?
On s'ouvrit à une entremetteuse, remboursa l'argent
En lieu calme, on installa leur nid conjugal
Lit somptueux, tentures brodées, tout était à leur mesure
L'homme était un héros, la femme noble et belle
Pouvait-on rêver un plus bel amour ?

*

Six mois se passaient; le feu de leur passion ardait toujours
Le cœur du héros, soudain s'émut à l'appel des grands espaces
Ses yeux, vers le ciel et la mer immenses, se portaient
Il ceignit son épée, monta en selle, prit la grand'route

Nàng rằng: "Phận gái chữ tòng,
"Chàng đi thiếp cũng một lòng xin đi".
Từ rằng: "Tâm phúc tương tri,
"Sao chưa thoát khỏi nữ nhi thường tình?
"Bao giờ mười vạn tinh binh,
"Tiếng chiêng dậy đất bóng tinh rợp đường.
"Làm cho rõ mặt phi thường,
"Bấy giờ ta sẽ rước nàng nghi gia.
"Bằng nay bốn bể không nhà,
"Theo càng thêm bận biết là đi đâu?
"Đành lòng chờ đó ít lâu,
"Chầy chăng là một năm sau, vội gì?"
Quyết lời dứt áo ra đi,
Gió đưa bằng tiện đã lìa dặm khơi.
Nàng từ chiếc bóng song mai,
Đêm thâu đằng đẵng nhặt cài then mây.
Sân rêu chẳng vẽ dấu giày,
Cỏ cao hơn thước liễu gầy vài phân.

Elle dit : La femme doit suivre son époux
Vous partez, Seigneur; avec vous, je partirai
Từ Hải : Nous sommes liés par toutes les fibres de nos cœur
Ne sauriez-vous pas vous libérer de ces attaches
Propres au commun des femmes ?
Attendez, avec cent mille hommes je reviendrai
Les tambours feront trembler la terre
Les étendards couvriront les routes de leur ombre
L'on verra qui je suis
En grande pompe je viendrai alors vous chercher
A présent, sur les vastes océans, je n'ai point de demeure
A me suivre, vous gêneriez mon action
Je ne sais moi-même où mon chemin conduira
Patience. Au plus tard dans un an, je serai là
Il partit, arrachant sa tunique des mains qui le retenaient
Porté par les vents, l'aigle brûlait les grands espaces
Elle restait seule avec son ombre
A sa fenêtre fleurissaient les abricotiers
Ses nuits s'allongeaient interminables
Verrous tirés, la maison était noyée dans les nuages
Dans la cour, la mousse ne portait plus trace de pas
L'herbe foisonnait, le saule avait maigri

Đoái trông muôn dặm tử phần,
Hồn quê theo ngọn mây Tần xa xa.
Xót thay huyên cỗi xuân già,
Tấm lòng thương nhớ biết là có nguôi?
Chốc đà mười mấy năm trời,
Còn ra khi đã da mồi tóc sương.
Tiếc thay chút nghĩa cũ càng,
Dẫu lìa ngó ý còn vương tơ lòng.
Duyên em dù nối chỉ hồng,
May ra khi đã tay bồng tay mang.
Tấc lòng cố quốc tha hương,
Đường kia nỗi nọ ngổn ngang bời bời.
Cánh hồng bay bổng tuyệt vời,
Đã mòn con mắt phương trời đăm đăm.
Đêm ngày luống những âm thầm,
Lửa binh đâu đã ầm ầm một phương.
Ngất trời sát khí mơ màng,
Đầy sông kình ngạc chật đường giáp binh.
Người quen thuộc kẻ chung quanh,
Nhủ nàng hãy tạm lánh mình một nơi.

Elle pensait au pays natal, à ses ormes, ses catalpas
Les nuées au loin emportaient sa nostalgie
Pauvres parents, ils doivent ployer sous le poids de l'âge
Le temps a-t-il quelque peu apaisé leur douleur ?
Me voici dix ans partie, vivent-ils encore
Comme givre doivent être leurs cheveux, et de corne leur peau
Quel amer regret, à penser à mon premier amour
La tige du lotus est brisée[40]
Mais des liens ténus unissent toujours les cœurs
Si ma cadette avait renoué les fils roses du mariage
Peut-être berce-t-elle de beaux poupons dans ses bras
A évoquer le pays natal, sur cette terre étrangère
Son cœur se perdait dans un inextricable lacis
L'aigle aux ailes puissantes, au loin s'était envolé
Kiều restait, usant sa vue à scruter l'horizon
Jour et nuit, elle ruminait ses pensées, quand soudain
Le feu de la guerre vint, grondant, embraser la région
Le ciel s'emplit d'une odeur de carnage
Des soldats envahirent routes et fleuves
Armures de crocodiles, têtes de requins
Des amis lui conseillèrent de se mettre à l'abri

Nàng rằng: "Trước đã hẹn lời,
"Dẫu trong nguy hiểm dám rời ước xưa!"
Còn đang dùng dắng ngẩn ngơ,
Mái ngoài đã thấy bóng cờ tiếng la.
Giáp binh kéo đến quanh nhà,
Đồng thanh cùng giửi: "Nào là phu nhân?"
Hai bên mười vị tướng quân,
Đặt gươm cởi giáp trước sân khấu đầu.
Cung nga thể nữ nối sau,
Rằng: "Vâng lệnh chỉ rước chầu vu quy".
Sẵn sàng phượng liễn loan nghi,
Hoa quan chấp chới hà y rỡ ràng.
Dựng cờ nổi trống lên đường,
Trúc tơ nổi trước kiệu vàng kéo sau.
Hoả bài tiền lộ ruổi mau,
Nam đình nghe động trống chầu đại doanh.
Kéo cờ lũy phát súng thành,
Từ công ra ngựa thân nghênh cửa ngoài.

J'ai promis de l'attendre, dit-elle, à ma parole
Je ne puis manquer même en cas de danger
Perplexe, elle restait, quand à sa porte
Des trompettes sonnèrent, des étendards furent brandis
Des soldats cuirassés entourant la maison
En chœur, demandèrent : Madame ?
Alignés sur deux rangs, déposant épée et armure
Dix officiers dans la cour, face au sol se prosternèrent
Des dames d'honneur et soubrettes suivaient, disant
Sur ordre de notre souverain, nous sommes venus
Vous conduire auprès de votre auguste époux
Un char aux rideaux brodés était là, de phénix orné
Le vent faisait danser les aigrettes des chapeaux
Des robes resplendissaient, comme les nuages au couchant
Drapeaux au vent, tambour battant, le cortège s'ébranla
Fifres et tambourins précédaient
Les robes rouge et or suivaient
En avant-garde galopait un héraut portant les insignes
Le grand tambour se mit à résonner au quartier général
Sur les remparts, les drapeaux furent hissés, le canon tonna
Le seigneur Từ, en personne, sortit à cheval accueillir Kiều

Rỡ mình là vẻ cân đai,
Hãy còn hàm én mày ngài như xưa.
Cười rằng: "Cá nước duyên ưa!
"Nhớ lời nói những bao giờ hay không?
"Anh hùng mới biết anh hùng,
"Rày xem phỏng đã cam lòng ấy chưa?"
Nàng rằng: "Chút phận ngây thơ,
"Cũng may dây cát được nhờ bóng cây!
"Đến bây giờ mới thấy đây,
"Mà lòng đã chắc những ngày một hai!"
Cùng nhau trông mặt cả cười,
Dan tay về chốn trướng mai tự tình.
Tiệc bày thưởng tướng khao binh,
Thì thùng trống trận rập rình nhạc quân.
Vinh hoa bõ lúc phong trần,
Chữ tình ngày lại thêm xuân một ngày.
Trong quân có lúc vui vầy,
Thong dong mới kể sự ngày hàn vi:

Turban, ceinture d'apparat, avec aisance il les portait
Mâchoire en bec d'aronde, sourcils épais, comme avant il était
Tout riant, il dit : Le poisson retrouve les flots
Vous souvient-il de vos paroles de naguère ?
Seule une grande âme sait discerner une grande âme
Regardez-moi, ai-je trahi votre attente ?
Elle dit : Faible enfant, frêle liane, j'ai eu le bonheur
De trouver un arbre et m'abriter sous son ombrage
Ce spectacle, aujourd'hui, il m'est donné de le voir
Mais en moi-même, dès les premiers jours j'en étais sûre
Ils se contemplaient, riaient, puis la main dans la main
Se retirèrent sous la tente d'honneur, ivres de tendresse et d'amour
Un festin royal récompensait officiers et soldats
Les tambours grondaient, la musique emplissait la nuit
Gloire et bonheur, quelle compensation pour les jours
Où le destin la traînait dans le vent et la poussière !
Leur amour, en son printemps, chaque jour gagnait en fraîcheur
Kiều partageait la vie des camps; un jour de loisir

"Khi Vô Tích khi Lâm Tri,
"Nơi thì lừa đảo nơi thì xót thương.
"Tấm thân rày đã nhẹ nhàng,
"Chút còn ân oán đôi đường chưa xong"
Từ công nghe nói thủy chung,
Bất bình nổi trận đùng đùng sấm vang.
Nghiêm quân tuyển tướng sẵn sàng,
Dưới cờ một lệnh vội vàng ruổi sao.
Ba quân chỉ ngọn cờ đào,
Đạo ra Vô tích đạo vào Lâm Tri.
Mấy người phụ bạc xưa kia,
Chiếu danh tầm nã bắt về hỏi tra.
Lại sai lệnh tiễn truyền qua,
Giữ giàng họ Thúc một nhà cho yên.
Mụ quản gia vãi Giác Duyên,
Cũng sai lệnh tiễn đem tin rước mời.
Thệ sư kể hết mọi lời,
Lòng lòng cũng giận người người chấp uy.

Elle lui conta son passé : A Vô Tích, à Lâm Tri

Trahie, dupée, elle avait coulé des jours amers

De tout fardeau, sa vie est maintenant allégée

Mais gratitude et vengeance, il reste des comptes à régler

A ce récit, comme gronde le tonnerre en un jour d'orage

Le courroux du seigneur Từ se déchaîna

Il rassembla ses troupes, désigna des officiers

Sous les drapeaux, sans retard, l'ordre fut donné

Que partent les colonnes, l'étendard rouge déployé

L'une à Vô Tích, l'autre à Lâm Tri

Qu'elles recherchent, et ramèrent au camp

Tous ceux qui avaient dupé, trahi, parjuré

Qu'un héraut aille veiller sur la famille Thúc
On invitera la gouvernante, et la supérieure Giác Duyên

Une proclamation à l'armée exposa l'affaire

Les cœurs frémirent d'indignation

Les ordres furent prestement exécutés

Đạo trời báo phục chỉn ghê,
Khéo thay một mẻ tóm về đầy nơi.
Quân trung gươm lớn giáo dài,
Vệ trong thị lập cơ ngoài song phi.
Sẵn sàng tề chỉnh uy nghi,
Bác đồng chật đất tinh kỳ rợp sân.
Trướng hùm mở giữa trung quân,
Từ công sánh với phu nhân cùng ngồi.
Tiên nghiêm, trống chửa dứt hồi,
Điểm danh trước dẫn chực ngoài cửa viên.
Từ rằng: "Ân oán hai bên,
"Mặc nàng xử quyết báo đền cho minh"
Nàng rằng: "Muôn cậy uy linh,
"Hãy xin báo đáp ân tình cho phu.
"Báo ân rồi sẽ trả thù".
Từ rằng: "Việc ấy để cho mặc nàng".
Cho gươm mời đến Thúc lang,
Mặt như chàm đổ mình dường dẽ run.

Gratitude et vengeance ! Terribles sont les lois du Ciel

D'un habile coup de filet, on ramena toute une fournée

Sabres dégainés, lances brandies, garde d'honneur

Double rangée faisant la haie, dans une majestueuse ordonnance

Canons de bronze remplissant le terre-plein

Drapeaux couvrant la cour de leur ombre, tout était prêt

Au milieu du camp, sous la tente d'honneur

Qui portait en broderie un tigre menaçant

Siégeaient côte à côte le seigneur Từ et son épouse

A peine le roulement de tambour, signal d'ouverture
S'était-il arrêté, qu'on fit l'appel
Từ dit : Bienfaits et offenses, récompenses et châtiments
Vous avez plein pouvoir pour juger en toute conscience et clarté
Elle dit : M'appuyant sur votre puissance et autorité
Je paierai mes dettes de gratitude, ensuite me vengerai
Faites comme vous l'entendez, répliqua Từ
Un officier, sabre dégainé vint chercher le jeune Thúc

Qui, vert de peur, tremblait comme une bécassine

Nàng rằng: "Nghĩa nặng nghìn non,
"Lâm Tri người cũ, chàng còn nhớ không?
"Sâm Thương chẳng vẹn chữ tòng,
"Tại ai, há dám phụ lòng cố nhân?
"Gấm trăm cuốn bạc nghìn cân,
"Tạ lòng dễ xứng báo ân gọi là.
"Vợ chàng quỷ quái tinh ma,
"Phen này kẻ cắp bà già gặp nhau!
"Kiến bò miệng chén chưa lâu,
"Mưu sâu cũng trả nghĩa sâu cho vừa!"
Thúc sinh trông mặt bấy giờ,
Mồ hôi chàng đã như mưa ướt dầm.
Lòng riêng mừng sợ khôn cầm,
Sợ thay mà lại mừng thầm cho ai.
Mụ già, sư trưởng thứ hai.
Thoát đưa đến trước vội mời lên trên.
Dắt tay, mở mặt cho nhìn:
"Hoa nô kia với Trạc Tuyền cũng tôi!

Kiều lui dit : Lourde comme les monts est ma gratitude

Vous souvenez-vous encor, de votre amie de Lâm Tri

L'étoile du soir n'a pu rencontrer celle du matin

A d'autres revient la faute; envers vous je ne serai point ingrate

Ces cent rouleaux de brocart, ces milles taëls d'argent

Acceptez-les, en témoignage de ma reconnaissance

Votre diabolique femme, cette fois trouvera à qui parler

Le voleur va affronter la vieille qu'il a dépouillée

La fourmi rampe dans la tasse, elle n'ira guère loin

Sa malice était profonde, elle sera payée en retour

Sur la figure de Thúc, la sueur ruisselait

Il ne put contenir ni sa joie, ni ses craintes

Il avait peur, pour sa femme, la joie c'était pour l'autre
Puis vinrent la vieille gouvernante et la supérieure
Kiều s'empressa de les inviter à la place d'honneur
Leur prit la main, se dévoila devant elles
La Fleur-Esclave, la nonne Trạc Tuyền c'est moi

"Nhớ khi lỡ bước sẩy vời,
"Non vàng chưa dễ đền bồi tấm thương.
"Nghìn vàng gọi chút lễ thường,
"Mà lòng Phiếu mẫu mấy vàng cho cân!"
Hai người trông mặt tần ngần,
Nửa phần khiếp sợ nửa phần mừng vui.
Nàng rằng: "Xin hãy rốn ngồi,
"Xem cho rõ mặt biết tôi báo thù!"
Kíp truyền chư tướng hiến phù,
Lại đem các tích phạm tù hậu tra.
Dưới cờ, gươm tuốt nắp ra,
Chính danh thủ phạm tên là Hoạn Thư.
Thoắt trông, nàng đã chào thưa:
"Tiểu thư cũng có bây giờ đến đây!
"Đàn bà dễ có mấy tay,
"Đời xưa mấy mặt đời này mấy gan!
"Dễ dàng là thói hồng nhan,
"Càng cay nghiệt lắm càng oan trái nhiều!"

Je trébuchais alors, roulais au fond d'un précipice

Vous m'aviez accueillie, tout l'or du monde ne saurait payer votre bonté

Voici mille taëls, cadeau minime, mais quel or

Pourrait faire le poids, pour la bonté d'une mère Phiếu[41]

Les deux femmes la regardaient, heureuses et effrayées

Kiều leur dit : Restez, vous verrez comme je me venge

Ordre fut donné aux officiers d'amener les prisonniers

Le procès s'ouvrit, sabres dégainés, drapeaux claquant au vent

On introduisit la principale accusée, Hoạn Thư

Aussitôt Kiều l'accueillit : Vous voilà, Madame

Des femmes de votre valeur ne courent pas les rues

Jadis comme aujourd'hui, on n'en connaît guère beaucoup

Une femme aux joues roses devrait montrer un peu de bonté

Plus cruelle elle est, plus son karma s'alourdit

Hoạn Thư hồn lạc phách xiêu,
Khấu đầu dưới trướng lựa điều kêu ca,
Rằng: "Tôi chút dạ đàn bà,
"Ghen tuông thì cũng người ta thường tình.
"Nghĩ cho khi các viết kinh,
"Với khi khỏi cửa dứt tình chẳng theo.
"Lòng riêng, riêng những kính yêu,
"Chồng chung chưa dễ ai chiều cho ai!
"Trót lòng gây việc chông gai,
"Còn nhờ lượng bể thương bài nào chăng!"
Khen cho: "Thật đã nên rằng,
"Khôn ngoan đến mực nói năng phải lời.
"Tha ra thì cũng may đời,
"Làm ra thì cũng ra người nhỏ nhen.
"Đã lòng tri quá thì nên,
"Truyền quân lệnh xuống trướng tiền tha ngay".
Tạ lòng, lạy trước sân mây,
Cửa viên lại dắt một dây dẫn vào,

Hoạn Thư terrifiée, se prosterna, la face contre le sol

Je ne suis qu'une faible femme, comme le commun des femmes

J'ai été jalouse, mais vous rappelez-vous, je n'ai été guère féroce

Quand, dans la pagode vous recopiiez les textes sacrés

Et ne vous ai point poursuivie quand vous aviez fui

Au fond de mon cœur, je vous respectais, vous estimais

Mais aimer en partage un époux, quelle femme le supporterait ?

J'avais malencontreusement semé des épines sous vos pas

Je ne puis que m'en remettre à votre clémence

Vraiment, dit Kiều, vous êtes d'une rare intelligence

Les paroles justes, vous les avez trouvées

Je vous donne votre chance; me venger serait mesquin

Elle ordonna immédiatement de la libérer

Hoạn Thư la remerciant à nouveau se prosterna

On fit entrer toute une file de prisonniers

Nàng rằng :" Lồng lộng trời cao!
"Hại nhân, nhân hại sự nào tại ta!
"Trước là Bạc Hạnh, Bạc bà,
"Bên là Ưng, Khuyển, bên là Sở Khanh,
"Tú Bà với Mã Giám Sinh,
"Các tên tội ấy đáng tình còn sao?"
Lệnh quân truyền xuống nội đao,
Thề sao thì lại cứ sao gia hình.
Máu rơi thịt nát tan tành,
Ai ai trông thấy hồn kinh phách rời.
Cho hay muôn sự tại trời,
Phụ người chẳng bõ khi người phụ ta!
Mấy người bạc ác tinh ma,
Mình làm mình chịu kêu mà ai thương!
Ba quân đông mặt pháp trường,
Thanh thiên bạch nhật rõ ràng cho coi.
Việc nàng báo phục vừa rồi,
Giác Duyên vội đã gửi lời từ quy.

O Ciel très Haut, s'écria Kiều, je ne l'ai point voulu

Ils ont fait du mal, le mal leur sera rendu

Dame Bạc, son neveu Bạc Hạnh venaient en premier

Puis Ưng, Khuyển, Sở Khanh, enfin Tú Bà, Mã Giám Sinh

Comment accorder pitié à toutes ces créatures ?

A chacun le bourreau infligea la peine

Qu'il avait prévue dans son propre serment

Le sang coula, les chairs volèrent en lambeaux

L'assistance était frappée de terreur

La volonté du Ciel, il est vrai, dirige toutes choses

Faire du mal, c'est s'attirer la vengeance

Ils avaient été cruels : ils récoltent ce qu'ils ont semé

Pourquoi s'apitoyer ? Toute l'armée était présente

Au grand jour, sous un ciel clair, justice était rendue

Récompenser, sévir, à peine Kiều avait-elle terminé

Que Giác Duyên s'empressa de lui faire ses adieux

Nàng rằng: "Thiên tải nhất thì,
"Cố nhân đã dễ mấy khi bàn hoàn.
"Rồi đây bèo hợp mây tan,
"Biết đâu hạc nội mây ngàn là đâu!"
Sư rằng: "Cũng chẳng mấy lâu,
"Trong năm năm lại gặp nhau đó mà.
"Nhớ ngày hành cước phương xa,
"Gặp sư Tam Hợp vốn là tiên tri.
"Bảo cho hội ngộ chi kỳ,
"Năm nay là một, nữa thì năm năm.
"Mới hay tiền định chẳng lầm,
"Đã tin điều trước ắt nhằm việc sau.
"Còn nhiều ân ái với nhau,
"Cơ duyên nào đã hết đâu vội gì?"
Nàng rằng: "Tiền định tiên tri,
"Lời sư đã dạy ắt thì chẳng sai.
"Họa bao giờ có gặp người,
"Vì tôi cậy hỏi một lời chung thân".

Kiều dit : En mille ans, l'occasion ne se répète guère

Amie, je ne vous reverrai pas de sitôt

Les lentilles d'eau, les nuages s'assemblent, se dispersent

Où retrouver l'aigrette qui survole la plaine, les nues qui couvrent les monts

La religieuse répondit : Ce ne sera guère bien long

Cinq années se passeront et nous nous reverrons

Mes pas m'ont portée naguère dans une contrée lointaine

J'y ai rencontré la voyante Tam Hợp

Qui m'assura qu'à deux fois, je vous verrai

Cette année d'abord, et la prochaine dans cinq ans

Sa première prédiction a été juste, la seconde le sera

Des liens d'affection nous lient encore

Ainsi veut notre destin, ne disons point encore adieu

Kiều dit : Ce qui est prédit doit être vrai

Si jamais vous la revoyez, pour mon compte

Demandez-lui ce qui m'adviendra à l'avenir

Giác Duyên vâng dặn ân cần,
Tạ từ thoắt đã dời chân cõi ngoài.
Nàng từ ân oán rạch ròi,
Bể oan dường đã vơi vơi cạnh lòng.
Tạ ân lạy trước Từ công:
"Chút thân bồ liễu nào mong có rày!
"Trộm nhờ sấm sét ra tay,
"Tấc riêng như cất gánh đầy đổ đi!
"Chạm xương chép dạ xiết chi,
"Dễ đem gan óc đền nghì trời mây!"
Từ rằng: "Quốc sĩ xưa nay,
"Chọn người tri kỷ một ngày được chăng?
"Anh hùng tiếng đã gọi rằng,
"Giữa đường dẫu thấy bất bằng mà tha!
"Huống chi việc cũng việc nhà,
"Lọ là thâm tạ mới là tri ân.
"Xót nàng còn chút song thân,
"Bấy nay kẻ Việt người Tần cách xa.

Giác Duyên acquiesça, puis prestement s'en alla

Gratitude, vengeance, toute dette était payée

Le cœur de Kiều se vida de son océan d'amertume

Devant le seigneur Từ, elle se prosterna, le remerciant

Frêle roseau, pouvais-je espérer un pareil jour

Grâce à vos foudres, je me suis libérée d'un lourd fardeau

En mon cœur, sur mes os, vos bienfaits restent gravés

Au prix de mon sang, je ne saurais payer cette dette

Immense comme le Ciel, haute comme les nuages

Từ dit : Les grands hommes de tous les temps

Trouvent-ils si facilement âme qui les comprenne ?

Un héros digne de ce nom, sur son chemin

Ne laisse jamais une injustice impunie

Vos malheurs sont devenus les miens

Pourquoi me remercier; Je souffre encore

De vous voir si longtemps séparée des vôtres

"Sao cho muôn dặm một nhà,
"Cho người thấy mặt là ta cam lòng"
Vội truyền sửa tiệc quân trung,
Muôn binh nghìn tướng hội đồng tẩy oan.
Thừa cơ trúc chẻ ngói tan,
Binh uy từ ấy sấm ran trong ngoài.
Triều đình riêng một góc trời,
Gồm hai văn võ rạch đôi sơn hà.
Đòi cơn gió quét mưa sa,
Huyện thành đạp đổ năm tòa cõi nam.
Phong trần mài một lưỡi gươm,
Những loài giá áo túi cơm sá gì!
Nghênh ngang một cõi biên thùy,
Kém gì cô quả kém gì bá vương!
Trước cờ ai dám tranh cường,
Năm năm hùng cứ một phương hải tần.
Có quan tổng đốc trọng thần.
Là Hồ Tôn Hiến kinh luân gồm tài.

Puissiez-vous, franchissant dix mille lieues les revoir

Les réunir sous un même toit, le bonheur sera pour moi

Il commanda pour l'armée un grand festin

Soldats et capitaines fêtèrent la fin du calvaire de Kiều

Puis, comme l'on fendait un bambou, faisait choir les tuiles d'un toit

Từ Hải écrasait ses ennemis, volant de victoire en victoire

Le renom de sa puissance montait, en un grondement de tonnerre

Coupant l'Empire en deux, s'appropriant un coin de ciel

L'ouragan se déchaînait; marches et préfectures

Tombaient sous son épée, qu'il aiguisait dans le vent et la poussière

Ses adversaires n'étaient que porte-manteaux et outres à riz

Il dominait les marches frontières, puissant et altier

Majesté, Altesse, il s'accordait tous les honneurs

Contre ses étendards, nul n'osait se mesurer

Cinq années durant, il régnait sur une vaste région côtière

Hồ Tôn Hiến, grand mandarin, gouverneur de province

Homme de talent, chargé de mission extraordinaire

Đẩy xe vâng chỉ đặc sai,
Tiện nghi bát tiễu việc ngoài đổng nhung.
Biết Từ là đấng anh hùng,
Biết nàng cũng dự quân trung luận bàn.
Đóng quân làm chước chiêu an,
Ngọc vàng gấm vóc, sai quan thuyết hàng.
Lại riêng một lễ với nàng,
Hai tên thể nữ ngọc vàng nghìn cân.
Tin vào gửi trước trung quân,
Từ công riêng hãy mười phân hồ đồ,
Một tay gây dựng cơ đồ
Bấy lâu bể Sở sông Ngô tung hoành!
Bó thân về với triều đình,
Hàng thần lơ láo phận mình ra đâu?
Áo xiêm ràng buộc lấy nhau,
Vào luồn ra cúi công hầu mà chi?
Sao bằng riêng một biên thùy,
Sức này đã dễ làm gì được nhau?

Reçut blanc-seing pour mater la rébellion
Au départ, l'Empereur en personne poussa le char du proconsul
Hồ savait que Từ Hải se battait en héros
Qu'au conseil de guerre, Kiều avait voix au chapitre
Il consigna ses troupes, feignant rechercher la paix
Délégua un messager négocier, avec force cadeaux
Or, jade, soieries, et pour Kiều à titre personnel
Des demoiselles d'honneur, mille livres de jade et d'or
Accueillant le message, Từ resta perplexe
De mes mains, se dit-il, j'ai bâti cet empire
M'ébattant en toute liberté sur les fleuves et les océans
Irais-je me livrer, pieds et poings liés, rebelles soumis
Dans la cohue des courtisans, je ferais triste figure
Se ligoter soi-même par des costumes d'apparat
Etre duc et marquis, pour s'aplatir en courbettes ?
Non ! Je régnerai seul en cette marche frontière
Contre ma force, que peuvent-ils me faire ?

Chọc trời quấy nước mặc dầu,
Dọc ngang nào biết trên đầu có ai?
Nàng thì thật dạ tin người,
Lễ nhiều nói ngọt, nghe lời dễ xiêu.
Nghĩ mình mặt nước cánh bèo,
Đã nhiều lưu lạc lại nhiều gian truân.
Bằng nay chịu tiếng vương thần,
Thênh thênh đường cái thanh vân hẹp gì!
Công tư vẹn cả hai bề,
Dần dà rồi sẽ liệu về cố hương.
Cũng ngôi mệnh phụ đường đường,
Nở nang mày mặt rỡ ràng mẹ cha.
Trên vì nước dưới vì nhà,
Một là đắc hiếu hai là đắc trung.
Chẳng hơn chiếc bách giữa dòng,
E dè sóng vỗ hãi hùng nước sa.
Nhân khi bàn bạc gần xa,
Thừa cơ, nàng mới bàn ra nói vào.

La terre et les flots, à mon gré je les remue

En long, en large, j'irai mon chemin

Personne au-dessus de ma tête ne siégera

Kiều naïve, accorda facilement sa confiance

Les riches cadeaux, les paroles mielleuses, la séduisaient

Je suis, pensa-t-elle, une lentille d'eau à la dérive

Partout j'ai vagabondé, et j'ai beaucoup souffert

Accepterions-nous de devenir sujets de l'Empereur
La voie des honneurs s'ouvrirait toute grande
Bien public, soucis privés, tout s'arrangerait
Je songerai alors à rentrer au pays natal
J'aurai rang et place de grande dame
L'honneur en rejaillira sur mes chers parents
Envers la famille, l'Etat, j'aurai rempli mes devoirs
Piété filiale, fidélité au souverain, en règle je serai
Pourquoi rester ce frêle esquif sur les flots
Que le moindre vent, la moindre vague jette dans l'effroi
Elle s'en ouvrit à son noble époux

Rằng: "Trong Thánh trạch dồi dào,
"Tưới ra đã khắp thấm vào đã sâu.
"Bình thành công đức bấy lâu,
"Ai ai cũng đội trên đầu biết bao.
"Ngẫm từ dấy việc binh đao,
"Đống xương Vô-định đã cao bằng đầu.
"Làm chi để tiếng về sau,
"Nghìn năm ai có khen đâu Hoàng Sào!
"Sao bằng lộc trọng quyền cao,
"Công danh ai dứt lối nào cho qua?"
Nghe lời nàng nói mặn mà,
Thế công, Từ mới trở ra thế hàng.
Chỉnh nghi tiếp sứ vội vàng,
Hẹn kỳ thúc giáp quyết đường giải binh.
Tin lời thành hạ yêu minh,
Ngọn cờ ngơ ngác trống canh trễ tràng.
Việc binh bỏ chẳng giữ giàng,
Vương sư dòm đã tỏ tường thực hư.

Comme une pluie féconde, les bienfaits de l'Auguste Empereur
Se répandent en tous lieux, bonifient toutes choses
Il a pacifié le Ciel, mis de l'ordre sur la terre
Chacun rend hommage à ses immenses vertus
Songez-y, depuis que vous avez déchaîné cette guerre
Les ossements des innocents se sont entassés
Faut-il laisser pour l'avenir un si mauvais renom ?
Depuis mille ans, personne n'a loué Hoàng Sào[42]
Pourquoi ne pas accepter grades et prébendes
Y a-t-il autre voie pour accéder aux honneurs ?
Từ Hải se laissa convaincre
Il partait pour l'offensive, il consentit à se soumettre
Et se préparant à accueillir le messager impérial
Fixa une date pour désarmer, voulut licencier ses troupes
Il fit confiance aux accords conclus sous les remparts
Lors, les étendards flottaient mollement au vent
Le tambour de garde marquait négligemment les veilles
Toute vigilance se relâcha; les impériaux en furent renseignés

Hồ công quyết kế thừa cơ,
Lễ tiên binh hậu khắc cờ tập công.
Kéo cờ chiêu phủ tiên phong,
Lễ nghi dàn trước bác đồng phục sau.
Từ công hờ hững biết đâu?
Đại quan lễ phục ra đầu cửa viên.
Hồ công ám hiệu trận tiền,
Ba bề phát súng bốn bên kéo cờ.
Đang khi bất ý chẳng ngờ,
Hùm thiêng khi đã sa cơ cũng hèn!
Tử sinh liều giữa trận tiền,
Dạn dầy cho biết gan liền tướng quân!
Khí thiêng khi đã về thần,
Nhơn nhơn còn đứng chôn chân giữa vòng!
Trơ như đá vững như đồng,
Ai lạy chẳng chuyển ai rung chẳng dời.
Quan quân truy sát đuổi dài,
Ù ù sát khí ngất trời ai đang!

Le mandarin Hồ sauta sur l'occasion; derrière les présents
Il aligna ses troupes, prêtes à attaquer au signal convenu
A l'avant-garde, le drapeau de paix se déployait
Avec le cérémonial d'usage; les armes suivaient, bien embusquées
Le seigneur Từ, en toute bonne foi, sortit du camp
En grande tenue de Cour, il s'avança
Hồ donna le signal de l'attaque
De tous côtés le feu partit, les étendards furent hissés
Pris au dépourvu, tombé dans le piège
Ce tigre si redoutable devint impuissant
Il accepta fièrement le sacrifice et montra
Comment sait mourir un chef de guerre
Son âme avait déjà regagné le séjour des dieux
Au milieu du cercle de fer et de feu
Son corps restait debout, les pieds plantés en terre
Impassible comme un roc, ferme comme du bronze
L'ébranler, le secouer, personne n'y réussit
Les impériaux s'acharnèrent sur l'ennemi en déroute
L'odeur du carnage montait jusqu'au ciel

Trong hào ngoài lũy tan hoang,
Loạn quân vừa dắt tay nàng đến nơi.
Trong vòng tên đá bời bời,
Thấy Từ còn đứng giữa trời trơ trơ.
Khóc rằng: "Trí dũng có thừa,
"Bởi nghe lời thiếp nên cơ hội này!
"Mặt nào trông thấy nhau đây?
"Thà liều sống thác một ngày với nhau!"
Dòng thu như giội cơn sầu,
Dứt lời, nàng cũng gieo đầu một bên.
Lạ thay oan khí tương triền!
Nàng vừa phục xuống Từ liền ngã ra.
Quan quân kẻ lại người qua,
Xót nàng sẽ lại vực ra dần dần.
Đem vào đến trước trung quân,
Hồ công thấy mặt ân cần hỏi han.
Rằng: "Nàng chút phận hồng nhan,
"Gặp cơn binh cách nhiều nàn cũng thương!

Derrière les remparts dans les fossés, c'était le chaos
Des soldats conduisirent Kiều jusque là
Les flèches et les balles pleuvaient
Autour de Từ Hải, toujours impavide et debout
Elle éclata en sanglots : intelligence et bravoure
Plus que quiconque, tu en avais
Tu en es là, hélas, pour m'avoir écoutée
Comment te regarder maintenant face à face
Il ne me reste qu'à mourir, avec toi, le même jour

Sa douleur s'épanchait comme un ruisseau en automne

Elle se précipita à terre, tout contre lui

O communion de deux cœurs par l'injustice brisés

Elle s'écroula : du coup Từ Hải s'abattit sur le sol

Des soldats compatissants la relevèrent
On la mena jusqu'au quartier général
Le mandarin Hồ l'accueillit avec empressement
Pauvre femme aux joues roses, lui dit-il
Perdue dans la guerre, vous êtes digne de pitié

"Đã hay thành toán miếu đường,
"Giúp công cũng có lời nàng mới nên.
"Bây giờ sự đã vẹn tuyền,
"Mặc lòng nghĩ lấy muốn xin bề nào?"
Nàng càng giọt ngọc tuôn dào,
Ngập ngừng mới gửi thấp cao sự lòng.
Rằng: "Từ là đấng anh hùng,
"Dọc ngang trời rộng vẫy vùng bể khơi!
"Tin tôi nên quá nghe lời.
"Đem thân bách chiến làm tôi triều đình,
"Ngỡ là phu quí phụ vinh,
"Ai ngờ một phút tan tành thịt xương!
"Năm năm trời bể ngang tàng,
"Dấn mình đi bỏ chiến trường như không.
"Khéo khuyên kể lấy làm công,
"Kể bao nhiêu lại đau lòng bấy nhiêu!
"Xét mình công ít tội nhiều,
"Sống thừa, tôi đã nên liều mình tôi!

Le mérite de la victoire revient à la sagesse impériale
Néanmoins, par vos conseils, vous y avez contribué
L'affaire est maintenant menée à bonne fin
Vous avez droit à la récompense qui vous plaira
Les pleurs de Kiều redoublèrent, et balbutiante
Elle dit tout ce qu'elle avait sur le cœur
Từ était un héros, libre sous le vaste ciel et la mer immense
Confiant, il a eu le malheur de m'écouter
Cent fois vainqueur, il accepta de devenir vassal
Croyant ouvrir pour lui et son épouse la voie des honneurs
Qui eût pensé qu'en un instant, il fut brutalement massacré
Cinq années, il avait régné sans partage sur ces mers et ces cieux
Le voici sacrifié comme rien sur le champ de bataille
Vous parlez de mes services, mais plus vous parlez
Plus vos habiles discours me déchirent le cœur
J'ai commis un crime, ainsi je me vois et me juge
Ma vie ne sert plus à rien, il me convient de mourir

"Xin cho tiện thổ một doi,
"Gọi là đắp điếm lấy người tử sinh!"
Hồ công nghe nói thương tình,
Truyền cho cảo táng di hình bên sông.
Trong quân mở tiệc hạ công.
Xôn xao tơ trúc hội đồng quân quan.
Bắt nàng thị yến dưới màn,
Dở say lại ép cung đàn nhặt tâu.
Một cung gió thảm mưa sầu,
Bốn dây nhỏ máu năm đầu ngón tay!
Ve ngâm vượn hót nào tày,
Lọt tai, Hồ cũng nhăn mày rơi châu.
Hỏi rằng: "Này khúc ở đâu?
"Nghe ra muôn oán nghìn sầu lắm thay!"
Thưa rằng: "Bạc mệnh khúc này,
"Phổ vào đàn ấy những ngày còn thơ.
"Cung cầm lựa những ngày xưa,
"Mà gương bạc mệnh bây giờ là đây!"

Donnez-moi juste un coin de terre où enterrer
L'homme auquel je suis liée, à la vie et la mort
Hồ pris de pitié ordonna qu'au bord du fleuve
On inhumât le cadavre, sans rites et sans façon
L'armée fêta sa victoire
Au son de la musique les troupes festoyèrent
On obligea Kiều à servir le mandarin Hồ
Qui l'ivresse venant, la força à jouer de la guitare
On entendit se lamenter le vent, sangloter la pluie
Les cinq doigts de Kiều saignaient sur les cordes
Les plaintes des cigales au long des nuits d'été
Les cris désespérés des gibbons dans la jungle perdue
Ne rendaient des accents aussi tristes et poignants
Même Hồ fronçait les sourcils, versait quelques larmes
D'où vient, dit-il, ce morceau, si chargé de tristesse et de douleur?
Elle répondit : C'est "Cruel destin" que jadis dans mon enfance
J'avais composé et maintes fois sur ma guitare joué
Aujourd'hui, me voici devant vous, victime de ce destin

Nghe càng đắm ngắm càng say,
Lạ cho mặt sắt cũng ngây vì tình!
Dạy rằng: "Hương lửa ba sinh,
"Dây loan xin nối cầm lành cho ai"
Thưa rằng: "Chút phận lạc loài,
"Trong mình nghĩ đã có người thác oan.
"Còn chi nữa cánh hoa tàn,
"Tơ lòng đã dứt dây đàn Tiểu Lân.
"Rộng thương còn mảnh hồng quần,
"Hơi tàn được thấy gốc phần là may!"
Hạ công chén đã quá say,
Hồ công đến lúc rạng ngày nhớ ra.
Nghĩ mình phương diện quốc gia,
Quan trên nhắm xuống người ta trông vào.
Phải tuồng trăng gió hay sao?
Sự này biết tính thế nào được đây?
Công nha vừa buổi sáng ngày,
Quyết tình, Hồ mới đoán ngay một bài.
Lệnh quan, ai dám cãi lời,
Ép tình mới gán cho người thổ quan.

Plus il l'écoutait, plus Hồ sentait son cœur chavirer
Plus il s'enivrait de sa beauté, et ce masque de fer
En perdit sens et raison; enfin il déclara
Notre rencontre est marquée dès nos vies antérieures
Puissé-je renouer le fil rompu, recoller la guitare brisée
Créature déchue, dit-elle, j'ai un mort sur la conscience
Pétale flétrie d'une fleur fanée, qu'en reste-t-il ?
De mon cœur, comme jadis la guitare de Tiểu Lân[43]
Les cordes en sont brisées; si vous ressentez quelque pitié
Laissez-moi revoir les ormes du pays natal
Le mandarin Hồ avait bu plus qu'il n'en fallait
Au matin, dégrisé, il reprit son sang-froid
Il était le digne représentant de l'Etat
Ses supérieurs le surveillaient, les gens l'observaient
Serait-il homme à courir après une fille perdue ?
Comment régler maintenant cette sacrée affaire ?
Dès l'ouverture de son audience, la décision fut prise
Irrévocable, comme tous les ordres d'un grand mandarin
On maria Kiều à un chef de tribu

Ông tơ thực nhé đa đoan!
Xe tơ sao khéo vơ quàng vơ xiên?
Kiệu hoa áp thẳng xuống thuyền,
Lá màn rủ thấp ngọn đèn khêu cao.
Nàng càng ủ liễu phai đào,
Trăm phần nào có phần nào phần tươi?
Đành thân cát lấp sóng vùi,
Cướp công cha mẹ thiệt đời thông minh!
Chân trời mặt bể lênh đênh,
Nắm xương biết gửi tử sinh chốn nào?
Duyên đâu, ai dứt tơ đào,
Nợ đâu, ai đã dắt vào tận tay!
Thân sao thân đến thế này?
Còn ngày nào cũng dư ngày ấy thôi!
Đã không biết sống là vui,
Tấm thân nào biết thiệt thòi là thương!
Một mình cay đắng trăm đường,
Thôi thì nát ngọc tan vàng thì thôi!

O Dieu qui tissez les fils du mariage
Pourquoi les emmêler à tort et sans raison ?
On hissa la mariée dans un palanquin fleuri
Et la conduisit tout droit à la jonque nuptiale
Déjà les rideaux étaient baissés, les lampes brillaient
Le saule s'était flétri, la rose avait perdu ses couleurs
Rien en Kiều n'était resté de sa verte fraîcheur
Ah ! plutôt s'ensevelir sous les sables et les flots
Annihiler les efforts des parents, sacrifier tous ses dons
Epave sur le vaste océan, sous un ciel étranger
A qui confier ses os, à la vie et à la mort

Les fils roses de mon amour, qui les a brisés

Cette dette d'infortune, qui m'en a chargée

Pourquoi en être réduite à cette misère ?

Chaque jour de plus est un jour de trop

Vivre n'apporte plus de joie, pourquoi regretter sa vie ?

La coupe d'amertume a été vidée jusqu'à la lie

Que se brise le jade, que périsse l'or !

Mảnh trăng đã gác non đoài,
Một mình luống những đứng ngồi chưa xong,
Triều đâu nổi tiếng đùng đùng,
Hỏi ra mới biết rằng sông Tiền Đường.
Nhớ lời thần mộng rõ ràng,
Này thôi hết kiếp đoạn trường là đây!
"Đạm Tiên nàng nhé có hay!
"Hẹn ta thì đợi dưới này rước ta".
Dưới đèn sẵn bức tiên hoa,
Một thiên tuyệt bút gọi là để sau.
Cửa bồng vội mở rèm châu,
Trời cao sông rộng một màu bao la.
Rằng: "Từ công hậu đãi ta,
"Chút vì việc nước mà ra phụ lòng.
"Giết chồng mà lại lấy chồng,
"Mặt nào còn đứng ở trong cõi đời?
"Thôi thì một thác cho rồi,
"Tấm lòng phó mặc trên trời dưới sông!"

Un croissant de lune se couchait derrière les monts

Kiều seule, se tourmentait, s'asseyait, se levait

Soudain le sourd grondement de la marée se fit entendre

Nous sommes, lui dit-on, sur le fleuve Tiền Đường

Elle se souvint alors du songe de naguère

C'est bien ici, se dit-elle, que doit finir mon destin

O Đạm Tiên, ici vous m'avez donné rendez-vous

Attendez-moi sous ces flots, accueillez-moi
Un papier fleuri se trouvait sous la lampe
Elle y inscrivit un poème, message d'adieu
Elle écarta le store : devant elle, le fleuve immense
Jusqu'à l'infini se confondait avec l'abîme des cieux
Elle s'écria : Le seigneur Từ m'avait comblée
Quelle douleur de l'avoir trahi, croyant servir le pays
J'ai tué mon mari, j'en épouse un autre
Je ne puis avoir le front de rester en ce monde
Il ne me reste qu'à mourir
Au Ciel et à l'onde je confie mon cœur

Trông vời con nước mênh mông,
Đem mình gieo xuống giữa dòng trường giang.
Thổ quan theo vớt vội vàng,
Thì đà đắm ngọc chìm hương mất rồi!
Thương thay cũng một kiếp người,
Hại thay, mang lấy sắc tài làm chi!
Những là oan khổ lưu ly,
Chờ cho hết kiếp còn gì là thân!
Mười lăm năm bấy nhiêu lần,
Làm gương cho khách hồng quần thử soi!
Đời người đến thế thì thôi!
Trong cơ âm cực dương hồi khôn hay,
Mấy người hiếu nghĩa xưa nay,
Trời làm chi đến lâu ngày càng thương!

*

Giác Duyên từ tiết giã nàng,
Đeo bầu quảy níp rộng đường vân du,

Elle regarda le fleuve rouler sans fin ses flots

Et s'y jeta

Le chef de tribu accourut, tentant un sauvetage

Mais ce corps de jade au sublime parfum avait sombré

Hélas ! Elle était une créature humaine comme les autres

Le malheur avait voulu qu'elle cumulât talent et beauté

Injustice, aventures, que n'avait-elle souffert !

Son karma épuisé, que pouvait-il rester de sa personne ?

Quinze années de souffrances, quinze années d'infortunes

Vivant exemple d'une belle femme au cruel destin

En une vie, elle avait connu le comble du malheur

Mais qui saurait dévoiler les lois de ce monde ?

La lumière souvent renaît à l'acmé des ténèbres

Pourquoi de tout temps, aux gens pieux et fidèles

Le Ciel réserve-t-il de si longues épreuves ?

*

Quittant Kiều, Giác Duyên, libre comme les nuages

Avait repris son bâton et son sac de pèlerin

Gặp bà Tam Hợp đạo cô,
Thong dong hỏi hết nhỏ to sự nàng:
"Nàng sao hiếu nghĩa đủ đường,
"Kiếp sao rặt những đoạn trường thế thôi?"
Sư rằng: "Phúc họa đạo trời,
"Cỗi nguồn cũng ở lòng người mà ra.
"Có trời mà cũng tại ta,
"Tu là cõi phúc tình là dây oan.
"Thuý Kiều sắc sảo khôn ngoan,
"Vô duyên là phận hồng nhan đã đành,
"Lại mang lấy một chữ tình,
"Khư khư mình buộc lấy mình vào trong.
Vậy nên những chốn thong dong,
"Ở không yên ổn ngồi không vững vàng.
"Ma đưa lối quỷ đem đường,
"Lại tìm những chốn đoạn trường mà đi,
"Hết nạn ấy đến nạn kia,
"Thanh lâu hai lượt thanh y hai lần.

Rencontrant de nouveau Tam Hợp la voyante

Elle la questionna tout à loisir sur le sort de Kiều

Pourquoi à cette femme parée de toutes les vertus

Le sort n'a-t-il réservé que des malheurs sans nom ?

Tam Hợp dit : Bonheur, malheur relèvent des lois célestes

Mais leurs racines sont aussi dans le cœur de l'homme

Le Ciel les dispense , mais l'homme y concourt également

Le renoncement est source de joie

Toute passion enchaîne à la souffrance

Kiều possède beauté et intelligence

Le destin, vous le savez, poursuit les femmes aux joues roses

Elle doit en plus porter tout le poids de son amour

Dans les chaînes de sa passion, elle s'est obstinément attachée

Et voilà pourquoi, même dans les moments de paix
Elle n'a connu ni calme, ni repos

Démons, esprits malins semblaient la conduire

Elle-même semblait ne choisir que les chemins de la souffrance

Les malheurs ont succédé aux malheurs

Deux fois, elle a séjourné dans les pavillons verts

Deux fois, elle a endossé la livrée bleue

"Trong vòng giáo dựng gươm trần,
"Kề răng hùm sói gửi thân tôi đòi.
"Giữa dòng nước dẫy sóng dồi,
"Trước hàm rồng cá, gieo mồi vắng tanh.
"Oan kia theo mãi với tình,
"Một mình mình biết một mình mình hay.
"Làm cho sống đọa thác đầy,
"Đoạn trường cho hết kiếp này mới thôi!"
Giác Duyên nghe nói rụng rời:
"Một đời nàng nhé, thương ôi còn gì!"
Sư rằng: "Song chẳng hề chi,
"Nghiệp duyên cân lại nhắc đi còn nhiều.
"Xét trong tội nghiệp Thúy Kiều,
"Mắc điều tình ái khỏi điều tà dâm.
"Lấy tình thâm trả nghĩa thâm,
"Bán mình đã động hiếu tâm đến trời!"
"Hại một người cứu muôn người,
"Biết đường khinh trọng biết lời phải chăng.

Elle a vécu au milieu des sabres et des lances
Fréquenté des fauves, frayé avec des esclaves
En plein courant, au milieu des vagues grondantes
Seule, elle se jettera en pâture aux monstres marins
La malédiction suivra toujours l'amour
Elle seule sera à le savoir, elle seule à l'endurer
Sa vie, sa mort ne seront qu'un long martyre
Ses malheurs ne prendront fin qu'avec sa vie
A ces mots, Giác Duyên épouvantée s'écria
O Kiều, que restera-t-il de toute votre vie ?
Mais, répliqua la religieuse, rassurez-vous
Ses dettes, ses mérites sont à peser, à repeser
Dans le karma qui accable la belle Kiều
On peut lui reprocher son amour, non la luxure
Elle a sacrifié son amour, payant sa dette filiale
Se vendant, elle a touché la compassion céleste
Elle a tué un homme, mais en a sauvé des milliers[44]
Elle sait discerner tort et raison, le juste et l'injuste

"Thửa công đức ấy ai bằng?
"Túc khiên đã rửa lâng lâng sạch rồi!
"Khi nên trời cũng chiều người,
"Nhẹ nhàng nợ trước đền bồi duyên sau.
"Giác Duyên dù nhớ nghĩa nhau,
"Tiền Đường thả một bè lau rước người.
"Trước sau cho vẹn một lời,
"Duyên ta mà cũng phúc trời chi không!"
Giác Duyên nghe nói mừng lòng,
Lân la tìm thú bên sông Tiền Đường.
Đánh tranh chụm nóc thảo đường,
Một gian nước biếc mây vàng chia đôi.
Thuê năm ngư phủ hai người,
Đóng thuyền chực bến kết chài giăng sông.
Một lòng chẳng quản mấy công,
Khéo thay gặp gỡ cũng trong chuyển vần!
Kiều từ gieo xuống duềnh ngân,
Nước xuôi bỗng đã trôi dần tận nơi.

Par ses vertus et ses mérites inégalés

Elle a effacé le dû des existences antérieures

Le Ciel, à l'occasion, sait se montrer clément

Ses dettes payées, elle peut espérer une vie meilleure

Giác Duyên, en souvenir de votre amitié

Sur le fleuve Tiền Đường, avec un radeau attendez-la

Vous resterez ainsi fidèle à votre promesse

Avec la grâce du Ciel, vous la sauverez

Giác Duyên sentit son cœur battre de joie

Elle s'en fut chercher asile au bord du fleuve

S'y bâtit une chaumière, entre l'onde bleue et les nuages dorés

Elle engagea à l'année deux pêcheurs; de leur barque

Ils surveillaient leurs filets tendus à travers le courant

D'un cœur constant, elle ne ménageait pas ses peines

Et la rencontre prévue par le destin eut lieu

Le courant entraîna Kiều tombée dans les flots argentés

Ngư ông kéo lưới vớt người,
Ngẫm lời Tam Hợp rõ mười chẳng ngoa!
Trên mui lướt mướt áo là,
Tuy dầm hơi nước chưa lòa bóng gương.
Giác Duyên nhận thật mặt nàng,
Nàng còn thiêm thiếp giấc vàng chưa phai.
Mơ màng phách quế hồn mai,
Đạm Tiên, thoắt đã thấy người ngày xưa.
Rằng: "Tôi đã có lòng chờ,
"Mất công mười mấy năm thừa ở đây.
"Chị sao phận mỏng phúc dày,
"Kiếp xưa đã vậy lòng này dễ ai!
"Tấm thành đã thấu đến trời,
"Bán mình là hiếu cứu người là nhân.
"Một niềm vì nước vì dân,
"Âm công cất một đồng cân đã già!
"Đoạn trường sổ rút tên ra,
"Đoạn trường thơ phải đưa mà trả nhau.

Jusqu'au filet des pêcheurs qui la sauvèrent

Les prédictions de Tam Hợp en tout point se vérifiaient

On l'étendit sur la barque, dans sa robe ruisselante

Toute trempée, elle n'avait rien perdu de son éclat

Giác Duyên la reconnut aussitôt : Kiều toujours évanouie

Restait plongée dans le royaume des songes

Đạm Tiên lui apparut soudain, telle qu'elle était
De tout cœur, dit-elle, je suis restée

Plus de dix ans ici à vous attendre

Fragile est votre destin, mais grandes sont vos vertus

Lourd est votre karma, mais pur est votre cœur

Votre bonne foi vous a racheté la grâce du Ciel

Vous vous êtes vendue par piété filiale

Votre bonté a sauvé des milliers d'hommes

Vous avez tenu à servir le pays et le peuple

Vos mérites ont pesé lourd dans la balance

Votre nom a été rayé de la liste des damnées

Je vous rends vos poèmes sur les femmes au cruel destin

"Còn nhiều hưởng thụ về lâu,
"Duyên xưa tròn trặn phúc sau dồi dào!"
Nàng còn ngơ ngẩn biết sao,
Trạc Tuyền! nghe tiếng gọi vào bên tai.
Giật mình thoắt tỉnh giấc mai,
Bâng khuâng nào đã biết ai mà nhìn.
Trong thuyền nào thấy Đạm Tiên,
Bên mình chỉ thấy Giác Duyên ngồi kề.
Thấy nhau mừng rỡ trăm bề,
Dọn thuyền mới rước nàng về thảo lư.
Một nhà chung chạ sớm trưa.
Gió trăng mát mặt, muối dưa chay lòng.
Bốn bề bát ngát mênh mông,
Triều dâng hôm sớm mây hồng trước sau.
Nạn xưa trút sạch lầu lầu,
Duyên xưa chưa dễ biết đâu chốn này.

*

Nỗi nàng tai nạn đã đầy,
Nỗi chàng Kim Trọng bấy chầy mới thương.

Vous connaîtrez encore de bien beaux jours

Vos mérites passés vous assureront les joies du bonheur

Perplexe, Kiều ne savait que penser

Quand elle s'entendit appeler : Trạc Tuyền

Đạm Tiên avait disparu; assise près d'elle, c'était Giác Duyên

Grande fut leur joie à se retrouver

Elles quittèrent la barque, regagnèrent la chaumière

Ensemble elles passaient leurs journées

Accueillant le vent et les clairs de lune

Se nourrissant de sel et légumes, le cœur en paix

La marée rythmait leur temps

Les nuages enveloppaient leur demeure

De ses malheurs passés, Kiều en a secoué la poussière

Mais son amour de jadis, en ces lieux, pourrait-il revivre ?

*

De Kiều nous connaissons malheurs et infortunes

Mais pauvre Kim ! Comme il avait souffert durant ces années

Từ ngày muôn dặm phù tang,
Nửa năm ở đất Liêu Dương lại nhà.
Vội sang vườn Thúy dò la,
Nhìn xem phong cảnh nay đà khác xưa.
Đầy vườn cỏ mọc lau thưa,
Song trăng quạnh quẽ vách mưa rã rời.
Trước sau nào thấy bóng người,
Hoa đào năm ngoái còn cười gió đông.
Xập xè én liệng lầu không,
Cỏ lan mặt đất rêu phong dấu giày.
Cuối tường gai góc mọc đầy,
Đi về này những lối này năm xưa.
Chung quanh lạnh ngắt như tờ,
Nỗi niềm tâm sự bây giờ hỏi ai?
Láng giềng có kẻ sang chơi,
Lân la sẽ hỏi một hai sự tình.
Hỏi ông, ông mắc tụng đình,
Hỏi nàng, nàng đã bán mình chuộc cha.

A mille lieues, il était allé pour les funérailles de son oncle

Six mois il était resté à Liêu Dương, puis rentra

En hâte, il se rendit au jardin de leurs amours

Mais comme le paysage avait changé

Partout l'herbe avait poussé, mêlée de quelques roseaux

La lune froidement éclairait les fenêtres désertes

Les pluies avaient rongé les murs. Pas une ombre

De l'an passé, survivaient quelques rameaux de pêcher

Comme avant, souriantes, les fleurs accueillaient le vent d'Est

Dans les chambres vides, des hirondelles voletaient
L'herbe avait envahi le sol, la mousse couvert les traces de pas
Des ronces croissaient au coin des murs
Et voici les chemins qu'à deux, ils avaient empruntés
Alentour régnait le plus profond silence
A qui confier son cœur, faire part de ses angoisses ?
Un voisin passa, Kim lui posa question sur question
Le vieux Vương ? Il a été compromis dans un procès
Kiều ? Elle s'est vendue pour sauver son père

Hỏi nhà, nhà đã dời xa,
Hỏi chàng Vương với cùng là Thúy Vân.
Đều là sa sút khó khăn,
May thuê viết mướn kiếm ăn lần hồi.
Điều đâu sét đánh lưng trời,
Thoắt nghe, chàng thoắt rụng rời xiết bao!
Vội han di trú nơi nao,
Đánh đường, chàng mới tìm vào tận nơi.
Nhà tranh vách đất tả tơi,
Lau treo rèm nát trúc cài phên thưa.
Một sân đất cỏ dầm mưa,
Càng ngao ngán nỗi càng ngơ ngẩn đường!
Đánh liều lên tiếng ngoài tường,
Chàng Vương nghe tiếng vội vàng chạy ra.
Dắt tay vội rước vào nhà,
Mé sau viên ngoại ông bà ra ngay.
Khóc than kể hết niềm tây:
"Chàng ôi, biết nỗi nước này cho chưa?

La famille a quitté le pays

La sœur, le frère tous dans le besoin

Vivotent de couture et de travaux de copie

La nouvelle frappa Kim comme un coup de tonnerre

Il en resta abasourdi

Il s'enquit du nouveau domicile de la famille

En hâte s'y rendit, trouva une pauvre chaumière

Murs en terre délabrés, stores de roseaux déchiquetés

Cloisons de bambous disjointes, cour herbeuse par les pluies défoncée

Quel navrant spectacle ! Quel triste décor !

Il se risqua à appeler, Vương Quan accourut

Le prit par la main et le fit entrer; les parents sortirent

Pleurant, gémissant ils lui racontèrent leurs malheurs

Cher Kim ! Connaissez-vous toute notre infortune ?

"Kiều nhi phận mỏng như tờ,
"Một lời đã lỗi tóc tơ với chàng!
"Gặp cơn gia biến lạ dường,
"Bán mình nó phải tìm đường cứu cha.
"Dùng dằng khi bước chân ra,
"Cực trăm nghìn nỗi dặn ba bốn lần.
"Trót lời nặng với lang quân,
"Mượn con em nó Thúy Vân thay lời.
"Gọi là trả chút nghĩa người,
"Sầu này dằng dặc muôn đời chưa quên!
"Kiếp này duyên đã phụ duyên,
"Dạ đài còn biết sẽ đền lai sinh.
"Mấy lời ký chú đinh ninh.
"Ghi lòng để dạ cất mình ra đi.
"Phận sao bạc bấy Kiều nhi!
"Chàng Kim về đó con thì đi đâu?"
Ông bà càng nói càng đau,
Chàng càng nghe nói càng dàu như dưa.

Fragile est le destin de notre petite Kiều

A vous, elle s'est engagée pour la vie

Mais voilà que le malheur a fondu sur la famille

Pour sauver son vieux père, elle s'est vendue

Comme elle a souffert ! Elle n'a pu se résoudre à partir

Maintes et maintes fois, elle nous répéta son dernier vœu

A Kim, dit-elle, j'ai donné ma promesse solennelle

J'ai demandé à ma sœur Vân de tenir parole
Essayant tant soit peu de lui payer mon dû

J'emporterai ma douleur pour mille et mille víes

En cette existence, mon amour a trahi son amour

Dans une vie future, pourrais-je le payer en retour ?

Ces dernières paroles, au fond de notre cœur

Elle les a gravées, avant de nous quitter pour toujours

O Kiều, ma fille, pourquoi le destin te fut-il si cruel ?

Kim est là, et toi, où donc es-tu ?

Plus les Vương parlaient, plus leur douleur éclatait

Le jeune Kim en eut le cœur déchiré

Vật mình vẫy gió tuôn mưa,
Dầm dề giọt ngọc thẫn thờ hồn mai!
Đau đòi đoạn ngất đòi thôi,
Tỉnh ra lại khóc khóc rồi lại mê.
Thấy chàng đau nỗi biệt ly,
Nhịn ngừng, ông mới vỗ về giải khuyên:
"Bây giờ ván đã đóng thuyền,
"Đã đành phận bạc khôn đền tình chung!
"Quá thương chút nghĩa đèo bòng,
"Nghìn vàng thân ấy, dễ hòng bỏ sao?"
Dỗ dành khuyên giải trăm chiều,
Lửa phiền càng dập càng khêu mối phiền.
Thề xưa, giở đến kim hoàn,
Của xưa, lại giở đến đàn với hương.
Sinh càng trông thấy càng thương,
Gan càng tức tối ruột càng xót xa.
Rằng:" Tôi trót quá chân ra,
"Để cho đến nỗi trôi hoa giạt bèo.

Il roula à terre, agita ses bras, plusieurs fois tomba évanoui

A peine remis, il sanglota, puis délira

Le voyant en proie aux affres d'un amour brisé

Contenant son émotion, le père chercha à le consoler

La planche, dit-il, est maintenant fixée à la barque

Ma fille au destin amer n'a pu rester fidèle à son amour

Par un excès de chagrin, n'abîmez point votre précieuse santé

On lui chercha mille et mille consolations

Mais à vouloir éteindre sa douleur, plus on l'attisait

On lui montra la broche, la guitare, l'encens

Gages et souvenirs qui avivèrent son chagrin

Davantage Kim sentit se meurtrir son cœur et ses entrailles

Il s'écria : Pour mon malheur, j'étais parti

Et la fleur a été noyée, entraînée à la dérive

"Cùng nhau thề thốt đã nhiều,
"Những điều vàng đá phải điều nói không!
"Chưa chăn gối cũng vợ chồng,
"Lòng nào mà nỡ dứt lòng cho đang?
"Bao nhiêu của mấy ngày đàng,
"Còn tôi, tôi một gặp nàng mới thôi!"
Nỗi thương nói chẳng hết lời,
Tạ từ sinh mới sụt sùi trở ra.
Vội về sửa chốn vườn hoa,
Rước mời viên ngoại ông bà cùng sang.
Thần hôn chăm chút lễ thường
Dưỡng thân thay tấm lòng nàng ngày xưa.
Đinh ninh mài lệ chép thơ,
Cắt người tìm tõi đưa tờ nhắn nhe.
Biết bao công mướn của thuê,
Lâm Thanh mấy độ đi về dặm khơi.
Người một nơi hỏi một nơi,
Mênh mông nào biết bể trời nơi nao?

Nous avons échangé des serments gravés sur l'or

Fermes comme la pierre, non des paroles en l'air
Nous n'avons pas partagé le même lit
Nous n'en sommes pas moins époux
Quel cœur aurais-je de rompre ces liens du cœur ?
Y perdrais-je tous mes biens, fût-ce à mille et mille lieues
Tant que je vivrai, partout j'irai la chercher
Ces paroles ne purent dire toute sa douleur
Etouffant ses sanglots, il se retira
Il rentra chez lui, fit aménager maison et jardin
Et invita les Vương à y venir habiter
Matin et soir, il leur prodiguait des soins filiaux
Les couvrait d'affection, remplaçant leur fille absente
Ses larmes mêlées à l'encre, il rédigeait lettre sur lettre
Essayait d'écrire à Kiều, envoyait des gens la chercher
Il n'épargnait ni les démarches, ni les dépenses
Maintes fois lui-même fit le voyage de Lâm Thanh [45]
Mais le Ciel et la mer étaient muets et immenses
Elle voguait par ici, lui la cherchait ailleurs

Sinh càng thảm thiết khát khao,
Như nung gan sắt như bào lòng son.
Ruột tằm ngày một héo hon,
Tuyết sương ngày một hao mòn mình ve.
Thẫn thờ lúc tỉnh lúc mê,
Máu theo nước mắt hồn lìa chiêm bao.
Xuân huyên lo sợ xiết bao,
Quá ra khi đến thế nào mà hay!
Vội vàng sắm sửa chọn ngày,
Duyên Vân sớm đã xe dây cho chàng.
Người yểu điệu kẻ văn chương,
Trai tài gái sắc xuân đương vừa thì.
Tuy rằng vui chữ vu quy,
Vui này đã cất sầu kia được nào!
Khi ăn ở lúc ra vào,
Càng âu duyên mới càng dào tình xưa.
Nỗi nàng nhớ đến bao giờ,
Tuôn châu đòi trận vò tơ trăm vòng.

Son cœur brûlait de désespoir et d'impatience

Ses entrailles se desséchaient, vidées comme celles du ver à soie

Son corps se flétrissait, cigale sous le frimas

Absent, il passait de l'éveil au rêve, perdait son sang avec ses larmes

Au fil de ses songes, son âme le quittait

Les parents inquiets redoutaient le pire

L'on hâta les préparatifs, choisit un jour faste

Et les liens de l'hymen l'unirent à la jeune Vân

Elle était belle, gracieuse, lui, fin lettré

Ils associaient beauté et talent, dans la fleur de leur printemps

Cependant, tout à la joie de cette nouvelle union

Kim ne pouvait dissiper sa profonde tristesse

Plus les mots et gestes l'ancraient dans sa vie conjugale

Plus refluaient les souvenirs de son premier amour

Chaque fois qu'il pensait aux malheurs de Kiều

Les accès de larmes reprenaient, ses entrailles s'embrouillaient

Có khi vắng vẻ thư phòng,
Đốt lò hương giở phím đồng ngày xưa.
Bẽ bài, rầu rĩ tiếng tơ,
Trầm bay nhạt khói gió đưa lay rèm.
Dường như bên nóc bên thềm,
Tiếng Kiều đồng vọng bóng xiêm mơ màng.
Bởi lòng tạc đá ghi vàng,
Tưởng nàng nên lại thấy nàng về đây.
Những là phiền muộn đêm ngày,
Xuân thu biết đã đổi thay mấy lần?

*

Chế khoa gặp hội trường văn,
Vương, Kim cùng chiếm bảng xuân một ngày.
Cửa trời rộng mở đường mây,
Hoa chào ngõ hạnh hương bay dặm phần
Chàng Vương nhớ đến xa gần,
Sang nhà Chung lão tạ ân chu tuyền.

Parfois seul dans son cabinet d'études
Il rallumait l'encens, prenait la guitare des jours anciens
Les cordes vibraient en sourdine, égrenant leurs reproches
Dans la fumée au parfum affadi
Derrière les rideaux frissonnant sous la brise
Il semblait que par-dessus le toit, au delà du perron
Résonnait lointaine la voix de Kiều
Sa robe flottant comme dans un rêve
En son cœur, l'amour s'était gravé comme sur or et pierre
Il lui suffisait de penser à l'aimée pour la voir revenir
Les jours et les nuits s'écoulaient dans la tristesse
Automnes et printemps se succédaient, chargés de mélancolie

*

Survinrent les concours mandarinaux
Kim et Quan furent inscrits au tableau d'or
Voici ouverte pour eux la voie des honneurs
Les fleurs du jardin impérial les accueillirent[46]
Le parfum de leur gloire se répandit jusqu'au pays natal
Vương Quan se souvenant des bienfaits passés
S'en fut remercier le vieux greffier Chung

Tình xưa ân trả nghĩa đền,
Gia thân lại mới kết duyên Châu Trần.
Kim từ nhẹ bước thanh vân,
Nỗi nàng càng nghĩ xa gần càng thương.
Ấy ai dặn ngọc thề vàng,
Bây giờ kim mã ngọc đường với ai?
Ngọn bèo chân sóng lạc loài,
Nghĩ mình vinh hiển thương người lưu ly.
Vâng ra ngoại nhậm Lâm Tri,
Quan sơn nghìn dặm thê nhi một đoàn.
Cầm đường ngày tháng thanh nhàn,
Sớm khuya tiếng hạc tiếng đàn tiêu dao.
Phòng xuân trướng rủ hoa đào,
Nàng Vân nằm bỗng chiêm bao thấy nàng.
Tỉnh ra mới rỉ cùng chàng,
Nghe lời, chàng cũng hai đường tin nghi.
Nọ Lâm Thanh với Lâm Tri,
Khác nhau một chữ hoặc khi có lầm.

La gratitude unit : il épousa la fille du vieillard

Maintenant que Kim allégrement accédait aux honneurs

Il pensait davantage à Kiều, davantage il l'aimait

Avec qui, avais-je échangé des serments purs comme jade et or

Avec qui, aujourd'hui dois-je partager maison en jade, chevaux chamarrés d'or?

Au milieu de toutes ces richesses et honneurs

Quelle douleur de penser à toi, herbe perdue dans les flots !

Il fut affecté à Lâm Tri, poste éloigné

Toute la famille s'y rendit, franchissant monts et vaux

Avec son héron[47]*, sa guitare il y coulait des jours paisibles*

Une nuit de printemps, Vân vit apparaître sa sœur en rêve

Elle s'en ouvrit à Kim qui n'y crut qu'à moitié

Nous cherchions à Lâm Thanh, pensa-t-il, nous sommes à Lâm Tri

Y aurait-il confusion, les deux noms se ressemblent

Trong cơ thanh khí tương tầm,
Ở đây hoặc có giai âm chăng là?
Thăng đường chàng mới hỏi tra,
Họ Đô có kẻ lại già thưa lên:
"Sự này đã ngoại mười niên,
"Tôi đà biết mặt biết tên rành rành.
"Tú Bà cùng Mã Giám Sinh,
"Đi mua người ở Bắc kinh đưa về.
"Thúy Kiều tài sắc ai bì,
"Có nghề đàn lại đủ nghề văn thơ!
"Kiên trinh chẳng phải gan vừa,
"Liều mình thế ấy phải lừa thế kia.
"Phong trần chịu đã ê chề,
"Tơ duyên sau lại xe về Thúc lang.
"Phải tay vợ cả phũ phàng,
"Bắt về Vô-tích toan đường bẻ hoa.
"Dứt mình, nàng phải trốn ra,
"Chẳng may lại gặp một nhà Bạc kia.

Essayons toujours, une affinité naturelle nous lie

Peut-être ici aurons-nous de bonnes nouvelles

Kim ordonna une enquête; un vieux scribe lui exposa l'affaire

L'histoire, dit-il, remonte à plus de dix ans

J'ai encore en tête les noms et la figure des gens

Tú Bà et Mã Giám Sinh avaient acheté une jeune fille de Pékin

Kiều était d'une beauté, d'un talent incomparables

Fidèle à son amour, elle se montra d'un rare courage

Voici comment elle tenta de se suicider

Voilà comment elle fut trahie, dupée

Elle avait dû endurer toutes les hontes

Enfin, lasse de rouler dans le vent et la poussière

Au jeune Thúc, en concubine, elle s'était unie

Mais la première femme, jalouse et cruelle la fit enlever

Et conduire à Vô Tích, voulant briser cette belle fleur

Poussée à bout, Kiều s'était enfuie

Par malheur elle échoua dans une certaine famille Bạc

"Thoắt buôn về thoắt bán đi,
"Mây trôi bèo nổi thiếu gì là nơi!
"Bỗng đâu lại gặp một người,
"Hơn đời trí dũng nghiêng trời uy linh.
"Trong tay mười vạn tinh binh,
"Kéo về đóng chật một thành Lâm Tri
"Tóc tơ các tích mọi khi,
"Oán thì trả oán ân thì trả ân.
"Đã nên có nghĩa có nhân,
"Trước sau trọn vẹn xa gần ngợi khen.
"Chưa tường được họ được tên,
"Sự này hỏi Thúc sinh viên mới tường".
Nghe lời Đô nói rõ ràng,
Tức thì đưa thiếp mời chàng Thúc sinh.
Nỗi nàng hỏi hết phân minh,
Chồng con đâu tá tính danh là gì?
Thúc rằng: "Gặp lúc lưu ly,
"Trong quân tôi hỏi thiếu gì tóc tơ.

Aussitôt achetée, aussitôt revendue

Lentille d'eau, nuage flottant, elle vagabonda en
maints endroits

Un homme fit sa connaissance, d'une bravoure et d'une
intelligence supérieures

Sa puissance ébranlait le Ciel, et ses troupes par milliers

Vinrent occuper la citadelle de Lâm Tri

De son passé, en détail Kiều dressa les comptes

Châtia ses ennemis, gratifia ses bienfaiteurs

Partout on louait fort sa justice et sa bonté

De ce chef puissant, j'ignore le nom

C'est Thúc qu'il faudra interroger pour le savoir

Après le clair exposé du vieillard

Kim envoya sa carte à Thúc qu'il fit inviter

Le questionna sur Kiều et le guerrier qui l'épousa

Thúc dit : Ce fut une période bien troublée

J'ai été au camp où je pus obtenir quelques détails

"Đại vương tên Hải họ Từ.
"Đánh quen trăm trận sức dư muôn người.
"Gặp nàng khi ở châu Thai.
"Lạ gì quốc sắc thiên tài phải duyên.
"Vẫy vùng trong bấy nhiêu niên.
"Làm nên động địa kinh thiên đùng đùng.
"Đại quân đồn đóng cõi đông.
"Về sau chẳng biết vân mồng làm sao".
Nghe tường ngành ngọn tiêu hao.
Lòng riêng, chàng luống lao đao thẫn thờ.
Xót thay chiếc lá bơ vơ.
Kiếp trần biết giũ bao giờ cho xong?
Hoa trôi nước chảy xuôi dòng.
Xót thân chìm nổi đau lòng hợp tan!
Lời xưa đã lỗi muôn vàn.
Mảnh hương còn đó phím đàn còn đây.
Đàn cầm khéo ngẩn ngơ dây.
Lửa hương biết có kiếp này nữa thôi?

Le seigneur se nommait Từ Hải

Cent batailles il avait livré, cent batailles il avait gagné

Des milliers d'hommes ne pouvaient égaler sa force

Au district de Thai il avait rencontré Kiều

Ne nous étonnons point si la beauté et le génie se fussent unis

Des années durant, il avait régné tout puissant

Remuant ciel et terre, en un grondement de tonnerre

Vers l'Est, il avait installé son quartier général

Par la suite j'ai perdu de ses nouvelles

Ce récit plongea Kim dans le désespoir

Pauvre feuille chassée par le vent, s'écria-t-il
Quand aura-t-elle fini de traîner dans la poussière

Fleur emportée par le courant, corps submergé par les flots

Pauvre cœur à jamais séparé de ceux qu'elle aimait

Hélas ! A nos serments de jadis nous avons parjuré

Toujours là est la guitare, mais ses cordes n'ont plus d'âme

L'encens est toujours là, donnera-t-il feu et parfum pour cette vie présente ?

Bình bồng còn chút xa xôi,
Đỉnh chung sao nỡ ăn ngồi cho an!
Rắp mong treo ấn từ quan,
Mấy sông cũng lội mấy ngàn cũng pha.
Dấn mình trong áng can qua,
Vào sinh ra tử họa là thấy nhau.
Nghĩ điều trời thẳm vực sâu,
Bóng chim tăm cá biết đâu mà nhìn!
Những là nấn ná đợi tin,
Nắng mưa biết đã mấy phen đổi dời?
Năm mây bỗng thấy chiếu trời,
Khâm ban sắc chỉ đến nơi rành rành.
Kim thì cải nhậm Nam Bình,
Chàng Vương cũng cải nhậm thành Phú Dương.
Sắm sanh xe ngựa vội vàng,
Hai nhà cũng thuận một đường phó quan.
Xảy nghe thế giặc đã tan,
Sóng êm Phúc Kiến lửa tàn Chiết Giang.

Elle erre toujours, herbe flottante au gré des eaux
Comment aurais-je le cœur de vivre dans cette opulence ?
Il pensa rendre son sceau, se démettre de ses fonctions
Résolu à franchir les fleuves et les monts
A braver lances et épées, à risquer sa vie
Il nourrissait un seul espoir : la retrouver
Mais comment suivre la trace de l'oiseau sous les vastes cieux
Le sillage du poisson dans les abîmes des océans ?
Il attendait toujours. Les soleils et les pluies se succédaient
Un jour, vinrent des décrets impériaux, prescrivant
Sur papier orné de nuages aux cinq couleurs
De muter Kim à Nam Bình, Quan à Phú Dương
Chevaux et voitures furent bientôt prêts
Les deux familles firent route ensemble
Ils apprirent que la rébellion était matée
Les flots s'étaient calmés au Phúc Kiến, l'incendie éteint au Chiết Giang

Được tin Kim mới rủ Vương,
Tiện đường cùng lại tìm nàng sau xưa.
Hàng Châu đến đó bấy giờ,
Thật tin hỏi được tóc tơ rành rành.
Rằng: "Ngày hôm nọ giao binh,
"Thất cơ, Từ đã thu linh trận tiền.
"Nàng Kiều công cả chẳng đền,
"Lệnh quan lại bắt ép duyên thổ tù.
"Nàng đà gieo ngọc trầm châu,
"Sông Tiền đường đó, ấy mồ hồng nhan!"
Thương ôi! không hợp mà tan,
Một nhà vinh hiển riêng oan một nàng!
Chiêu hồn thiết vị lễ thường,
Giải oan, lập một đàn tràng bên sông.
Ngọn triều non bạc trùng trùng,
Vời trông còn tưởng cánh hồng lúc gieo.
Tình thâm bể thảm lạ điều,
Nào hồn tinh vệ biết theo chốn nào?

Kim proposa de continuer chemin faisant les recherches

A Hàng Châu ils obtinrent des nouvelles précises

Le combat, leur dit-on, eut lieu récemment

Pris au piège, le seigneur Từ mourut en héros

De ses services, Kiều ne fut nullement récompensée

Un ordre du commandement la maria à un chef de tribu

Elle se jeta à l'eau, noyant son beau corps de jade

A ses joues roses, ce fleuve Tiền Đường a servi de tombeau

Hélas, ils pensaient se retrouver, ce fut l'étermel adieu

La famille connut bonheur et considération

Sur Kiều seule, étaient retombées toutes les injustices
Pour prier pour son âme, ils installèrent au bord du fleuve
Un autel en plein air, avec la tablette rituelle
La marée montait; à perte de vue roulaient les vagues aux crêtes argentées
Au loin, chacun croyait voir une robe rose plongeant dans les flots
O liens du sang que resserraient les grands malheurs !
Où retrouver de l'oiseau Tinh Vệ[48] *l'âme inconsolée*

Cơ duyên đâu bỗng lạ sao,
Giác Duyên đâu bỗng tìm vào đến nơi.
Trông lên linh vị chữ bài,
Thất kinh mới hỏi: "Những người đâu ta?
"Với nàng thân thích gần xa,
"Người còn sao bỗng làm ma khóc người?"
Nghe tin ngơ ngác rụng rời,
Xúm quanh kể lể rộn lời hỏi tra:
"Này chồng này mẹ này cha,
"Này là em ruột này là em dâu.
"Thật tin nghe đã bấy lâu,
"Pháp sư dạy thế, sự đâu lạ dường!"
Sư rằng: "Nhân quả với nàng,
"Lâm Tri buổi trước Tiền Đường buổi sau.
"Khi nàng gieo ngọc trầm châu,
"Đón nhau tôi đã gặp nhau rước về.
"Cùng nhau nương cửa bồ đề,
"Thảo am đó cũng gần kề chẳng xa.

Etrange hasard ! Giác Duyên vint à passer

Sur la tablette cultuelle, elle lut le nom de la défunte

Stupéfaite, elle demanda : Seriez-vous ses proches

Pourquoi cette cérémonie funèbre, pourquoi pleurer une vivante ?

A ces mots qui les plongèrent dans l'étonnement

Tous l'entourèrent, la pressant de questions, et s'expliquant

Voici son époux, et sa mère et son père

Voici son frère, et la sœur et la belle-sœur

Nous la savons morte, et vous, révérende

Vous nous apprenez cette merveilleuse nouvelle

La bonzesse dit : La ronde des causes et des effets

M'a fait rencontrer Kiều à Lâm Tri, puis sur ce fleuve

Quand son corps de jade s'est noyé dans les flots

Je l'ai attendue, puis retrouvée et conduite chez moi

Depuis, nous avons vécu à l'ombre de l'arbre de Vérité

La chaumière qui nous sert de temple n'est pas loin

"Phật tiền ngày bạc lân la,
"Đăm đăm nàng cũng nhớ nhà khôn khuây".
Nghe tin nở mặt nở mày,
Mừng nào lại quá mừng này nữa chăng?
Từ phen chiếc lá lìa rừng,
Thăm tìm luống những liệu chừng nước mây.
Rõ ràng hoa rụng hương bay,
Kiếp sau họa thấy kiếp này hẳn thôi.
Minh dương đôi ngả chắc rồi,
Cõi trần mà lại thấy người cửu nguyên!
Cùng nhau lạy tạ Giác Duyên,
Bộ hành một lũ theo liền một khi.
Bẻ lau vạch cỏ tìm đi,
Tình thâm luống hãy hồ nghi nửa phần.
Quanh co theo dải giang tân,
Khỏi rừng lau đã tới sân Phật đường.
Giác Duyên lên tiếng gọi nàng,
Phòng trong vội dạo sen vàng bước ra.

Aux pieds de Bouddha nos jours s'écoulent en paix

Elle, inconsolable, sans cesse pense au foyer natal
A écouter la religieuse, les visages s'épanouirent
Quelle joie pouvait surpasser la leur
Le vent avait emporté la feuille loin de la forêt
On l'avait cherchée, au hasard des nuages et des eaux
De toute évidence la fleur avait chu, son parfum envolé
On n'espérait plus la revoir que dans une vie future
Ils pensaient être à jamais séparés
Lumière et ténèbres, chacun dans son monde
Et la voici ressuscitée du Royaume des morts
Ils se prosternèrent devant Giác Duyên, la remerciant
Et à pied la suivirent tous chez elle
Se frayant un chemin à travers herbes et roseaux
En leur for intérieur ils doutaient encore
Le chemin serpentait le long de la rive
Passée la forêt de roseaux, voici le temple de Bouddha
Giác Duyên appela Kiều qui promptement sortit
Comme avant, des lotus d'or naissaient sous ses pas[49]

Trông xem đủ mặt một nhà:
Xuân già còn khỏe huyên già còn tươi,
Hai em phương trưởng hòa hai,
Nọ chàng Kim đó là người ngày xưa!
Tưởng bây giờ !à bao giờ,
Rõ ràng mở mắt còn ngờ chiêm bao!
Giọt châu thánh thót quen bào,
Mừng mừng tủi tủi xiết bao là tình!
Huyên già dưới gối gieo mình,
Khóc than, mình kể sự mình đầu đuôi:
"Từ con lưu lạc quê người,
"Bèo trôi sóng vỗ chốc mười lăm năm!
"Tính rằng sông nước cát lầm,
"Kiếp này, ai lại còn cầm gặp đây!"
Ông bà trông mặt cầm tay,
Dung quang chẳng khác chi ngày bước ra.
Bấy chầy dãi nguyệt dầu hoa,
Mười phần xuân có gầy ba bốn phần.

Elle aperçut la famille au grand complet

Le vieux père encore robuste, la mère toujours alerte

Le frère, la sœur adultes bien posés

Et voilà Kim, l'homme des beaux jours d'antan

Où se trouve-t-elle ? Quel moment est-ce ?

Les yeux grand'ouverts, elle croyait rêver

Les larmes, une à une, mouillèrent sa robe

Joies et peines refluèrent en son cœur
Aux genoux de sa mère, elle se jeta
Sanglotant, lui raconta ses infortunes
Mère, quinze années j'ai erré en pays étranger
Lentille d'eau par la vague emportée
Me croyant à jamais perdue dans la boue et les flots
Qui eût pensé que je vous reverrais en cette vie
Les parents lui prirent les mains, contemplant son visage
Ses traits avaient peu changé depuis son départ
Mais les orages avaient fait pâlir la lune, ternir la fleur
Elle avait perdu quelque peu de son éclat printanier

Nỗi mừng biết lấy chi cân?
Lời tan hợp chuyện xa gần thiếu đâu!
Hai em hỏi trước han sau,
Đứng trông, chàng cũng trở sầu làm tươi.
Quây nhau lạy trước Phật đài,
Tái sinh trần tạ lòng người từ bi.
Kiệu hoa giục giã tức thì,
Vương ông dạy rước cùng về một nơi.
Nàng rằng: "Chút phận hoa rơi,
"Nửa đời nếm trải mọi mùi đắng cay.
"Tính rằng mặt nước chân mây.
"Lòng nào còn tưởng có rày nữa không?
"Được rày tái thế tương phùng,
"Khát khao đã thỏa tấm lòng lâu nay!
"Đã đem mình bỏ am mây,
"Tuổi này gửi với cỏ cây cũng vừa.
"Mùi thiền đã bén muối dưa,
"Màu thiền ăn mặc đã ưa nâu sồng.

Qui put mesurer leur joie, rapporter tous leurs propos ?

Tant d'années ils avaient vécu séparés, tant de choses ils avaient à se dire

Le frère, la sœur l'assaillirent de questions

Kim regardait; sa grande peine s'était muée en joie

Ensemble ils se prosternèrent, remerciant Bouddha

De l'avoir, dans sa grande miséricorde, ressuscitée

Les palanquins prêts, on pressa le départ

Le père ordonna à tous de rentrer sous le même toit

Kiều dit : Fleur détachée de l'arbre

J'ai goûté une moitié de ma vie à toutes les amertumes

Je pensais finir sur les flots, au delà des nuages

Comment aurais-je rêvé de vivre de pareils moments ?

Ressuscitée, je vous retrouve, et j'ai étanché

La grande soif qui longtemps me brûlait le cœur

Mais j'ai confié ma vie à ce temple perdu dans les nuages

Je ne dois plus vivre qu'avec les arbres et les fleurs

Sel et légumes, aux saveurs de la vie contemplative je me suis faite

Cape brune, coiffe marron, à ses couleurs je me suis accoutumée

"Sự đời đã tắt lửa lòng,
"Còn chen vào chốn bụi hồng làm chi!
"Dở dang nào có hay gì,
"Đã tu tu trót quá thì thì thôi!
"Trùng sinh ân nặng bể trời,
"Lòng nào nỡ dứt nghĩa người ra đi?"
Ông rằng: "Bỉ thử nhất thì,
"Tu hành thì cũng phải khi tòng quyền.
"Phải điều cầu Phật cầu Tiên,
"Tình kia hiếu nọ, ai đền cho đây?
"Độ sinh nhờ đức cao dày,
"Lập am rồi sẽ rước thầy ở chung".
Nghe lời, nàng phải chiều lòng,
Giã sư giã cảnh đều cùng bước ra.
Một nhà về đến quan nha,
Đoàn viên vội mở tiệc hoa vui vầy.
Tàng tàng chén cúc dở say,
Đứng lên Vân mới giãi bày một hai.

En mon cœur, le feu des passions s'est éteint
Pourquoi me replonger dans la poussière du monde ?
A quoi sert de laisser les choses à mi-chemin
Je suis entrée en religion, jusqu'au bout j'y reste
Mon printemps est bien passé, laissons-le passer
Giác Duyên m'a fait renaître à une nouvelle vie
Ses bienfaits sont immenses comme le ciel et la mer
Comment aurais-je le cœur de la quitter ?
Le père répliqua : A chaque temps ses obligations
La religion permet qu'on change avec les circonstances
Tu voudrais te vouer à Bouddha
Qui à ta place paierait la dette d'amour et la dette filiale ?
En reconnaissance au Très-Haut et Très Miséricordieux
Nous inviterons la supérieure, lui bâtirons un temple
Où elle priera pour le salut du monde
Elle dut s'incliner; on dit adieu à la bonzesse
Et se rendit au pavillon mandarinal de Kim
Un banquet fleuri fêta la joie des retrouvailles
Un vin au chrysanthème commença à verser une douce griserie

Rằng: "Trong tác hợp cơ trời,
"Hai bên gặp gỡ một lời kết giao.
"Gặp cơn bình địa ba đào,
"Vậy đem duyên chị buộc vào cho em.
"Cũng là phận cải duyên kim,
"Cũng là máu chảy ruột mềm chứ sao?
"Những là rày ước mai ao,
"Mười lăm năm ấy biết bao nhiêu tình!
"Bây giờ gương vỡ lại lành,
"Khuôn thiêng lừa lọc đã dành có nơi.
"Còn duyên may lại còn người,
"Còn vầng trăng bạc còn lời nguyền xưa.
"Quả mai ba bảy đương vừa,
"Đào non sớm liệu xe tơ kịp thì!"
Dứt lời, nàng vội gạt đi:
"Sự muôn năm cũ kể chi bây giờ?
"Một lời tuy có ước xưa,
"Xét mình dãi gió dầu mưa đã nhiều.

Vân se leva, disant : Le Ciel vous avait unis
Vous vous étiez rencontrés, un serment vous avait liés
Sur la terre paisible, la tempête s'était déchaînée
Et la cadette pour l'aînée a noué les fils du mariage
C'étaient les mêmes liens unissant l'ambre au grain de senevé
L'aiguille à l'aimant, des liens de chair et de sang
Jour après jour, nous avons vécu d'attente et d'espoir
Quinze années durant, avec quel amour à elle nous avions pensé!
Aujourd'hui le miroir brisé a retrouvé sa forme première
Par mille détours, le Créateur à chacun assigne sa place
Cet amour prédestiné toujours demeure
Le bonheur a voulu que revienne l'aimée
La lune argentée, témoin des serments est toujours là
L'abricot a juste mûri, la fleur de pêcher reste tendre
Il est temps de tisser les liens de l'hyménée
Kiều se hâta de rejeter la proposition
Pourquoi, dit-elle, vouloir ressusciter le passé
Certes, un serment autrefois nous avait liés
Mais battue par les vents, fouettée par les pluies

"Nói càng hổ thẹn trăm chiều,
"Thà cho ngọn nước thủy triều chảy xuôi!"
Chàng rằng: "Nói cũng lạ đời,
"Dẫu lòng kia vậy còn lời ấy sao?
"Một lời đã trót thâm giao,
"Dưới dày có đất trên cao có trời!
"Dẫu rằng vật đổi sao dời,
"Tử sinh cũng giữ lấy lời tử sinh!
"Duyên kia có phụ chi tình,
"Mà toan sẻ gánh chung tình làm hai?"
Nàng rằng: "Gia thất duyên hài,
"Chút lòng ân ái, ai ai cũng lòng.
"Nghĩ rằng trong đạo vợ chồng,
"Hoa thơm phong nhị trăng vòng tròn gương.
"Chữ trinh *đáng giá nghìn vàng;*
"Đuốc hoa chẳng thẹn với chàng mai xưa.
"Thiếp từ ngộ biến đến giờ,
"Ong qua bướm lại đã thừa xấu xa

Je meurs de honte, rien qu'à évoquer ce passé
Laissons le flot emporter ces choses d'antan
Kim s'écria : Etrange discours !
Même si votre cœur le veut, qu'en est-il de la parole donnée ?
Entre nous, un grave serment a été échangé
Nous avions pris à témoin Ciel et Terre
Le monde peut changer, les étoiles peuvent bouger
A la vie, à la mort une parole doit être tenue
Ce mariage trahirait-il notre amour ?
Pourquoi de nos cœurs aimants, briser le trésor commun ?
Un foyer uni, une tendre union, répondit-elle
Quel est le cœur qui n'en a pas rêvé ?
Mais pour nouer les liens sacrés du mariage
La fleur doit garder intact son nectar
La lune s'offrir dans toute sa plénitude
La virginité a le prix de l'or
A la joyeuse lueur des torches nuptiales
Comment ne rougirais-je pas, face à mon aimé des jours anciens?
Dans les jours de malheur, papillons et frelons
Se sont acharnés à souiller ma personne

"Bấy chầy gió táp mưa sa,
"Mấy trăng cũng khuyết mấy hoa cũng tàn.
"Còn chi là cái hồng nhan,
"Đã xong thân thế còn toan nỗi nào?
"Nghĩ mình chẳng hổ mình sao,
"Dám đem trần cấu dự vào bố kinh!
"Đã hay chàng nặng vì tình,
"Trông hoa đèn chẳng thẹn mình lắm ru!
"Từ rày khép cửa phòng thu,
"Chẳng tu thì cũng như tu mới là!
"Chàng dù nghĩ đến tình xa,
"Đem tình cầm sắt đổi ra cầm cờ.
"Nói chi kết tóc xe tơ,
"Đã buồn cả ruột mà dơ cả đời!"
Chàng rằng: "Khéo nói nên lời,
"Mà trong lẽ phải có người có ta!
"Xưa nay trong đạo đàn bà,
"Chữ trinh *kia cũng có ba bảy đường:*

Si longtemps ont sévi orages et tempêtes
Que la lune en a été toute ébréchée
Et quelle fleur ne se serait-elle pas fanée?
Que reste-t-il encore de mes joues roses ?
Ma vie est à son terme, pourquoi tenter de la rebâtir ?
Quand je fais retour sur moi-même, la honte me noie
Comment oserais-je endosser la bure de chanvre[50]
Sur mon corps qui a tant roulé dans la poussière ?
Je sais que lourd est l'amour que vous me portez
Mais combien j'aurais honte, sous la clarté de la lampe nuptiale
Désormais je verrouillerai ma chambre automnale
Sans faire mes vœux, je vivrai en religieuse
Si vous tenez toujours à notre amour passé
Nous serons ensemble, point comme harpe et guitare
Mais ensemble, nous goûterons musique et poésie[51]
Pouquoi parler encore des fils roses du mariage
A faire s'affliger mon cœur, couvrir ma vie d'infamie
Kim rétorqua : Habiles sont vos discours
Et raisons, mais pensez aussi à celles des autres
De tout temps, parmi les devoirs qui lient la femme
La fidélité doit être comprise de maintes façons

"Có khi biến có khi thường,
"Có quyền nào phải một đường chấp kinh.
"Như nàng lấy hiếu làm trinh,
"Bụi nào cho đục được mình ấy vay?
"Trời còn để có hôm nay,
"Tan sương đầu ngõ vén mây giữa trời.
"Hoa tàn mà lại thêm tươi,
"Trăng tàn mà lại hơn mười rằm xưa.
"Có điều chi nữa mà ngờ,
"Khách qua đường để hững hờ chàng Tiêu!"
Nghe chàng nói đã hết điều,
Hai thân thì cũng quyết theo một bài.
Hết lời khôn lẽ chối lời,
Cúi đầu nàng những ngắn dài thở than.
Nhà vừa mở tiệc đoàn viên,
Hoa soi ngọn đuốc hồng chen bức là.
Cùng nhau giao bái một nhà,
Lễ đà đủ lễ đôi đà xứng đôi.

En temps normal, en des circonstances exceptionnelles
Il n'y a pas qu'une voie, qu'une règle
Pour vous, la piété filiale a tenu de fidélité
Nulle poussière n'a pu souiller votre personne
Le Ciel nous a réservé de vivre ce moment
La brume s'est dissipée à notre portail
Au ciel, le voile noir des nuages s'est levé
La fleur fanée a retrouvé un plus vif éclat
La lune à son déclin est plus belle qu'au temps de sa rondeur
Pouquoi douter encore, et me vouer comme le pauvre Tiêu[52]
A n'être plus qu'un passant d'entre les passants ?
Elle avait écouté Kim vider le fond de son cœur
Les parents aussi étaient résolus; comment refuser ?
Baissant la tête, Kiều poussa de longs soupirs
La banquet des retrouvailles prit fin
Flambeaux rougeoyants, rideaux de soie rose
Saluts, cérémonie selon les rites, et le couple fut uni

Động phòng dìu dặt chén mồi,
Bâng khuâng duyên mới ngậm ngùi tình xưa.
Những từ sen ngó đào tơ,
Mười lăm năm mới bây giờ là đây!
Tình duyên ấy hợp tan này,
Bi hoan mấy nỗi đêm chầy trăng cao.
Canh khuya bức gấm rủ thao,
Dưới đèn tỏ dạng má đào thêm xuân.
Tình nhân lại gặp tình nhân,
Hoa xưa ong cũ mấy phân chung tình!
Nàng rằng: "Phận thiếp đã đành,
"Có làm chi nữa cái mình bỏ đi!
"Nghĩ chàng nghĩa cũ tình ghi,
"Chiều lòng gọi có xướng tùy mảy may.
"Riêng lòng đã thẹn lắm thay,
"Cũng đà mặt dạn mày dày khó coi!
"Những như âu yếm vành ngoài,
"Còn toan mở mặt với người cho qua?

Dans la chambre nuptiale, buvant à la même tasse d'écaille
Encore tout émus de leur nouvelle union
Ils sentirent leur cœur se serrer au souvenir des anciennes amours
La tige de lotus avait à peine percé
La fleur de pêcher à peine s'était ouverte
Ils s'étaient à peine connus : quinze années ont passé
Tout à la joie de s'aimer et de se retrouver
Ils ressentaient tout le drame de leur séparation
La nuit s'avançait, la lune montait en plein ciel
Les rideaux de soie laissaient tomber leurs franges
La lampe rehaussait l'éclat printanier des joues roses
Voici l'amant avec l'amante, l'amour face à l'amour
La fleur et l'abeille des beaux jours s'étaient retrouvés
Kiều dit : Je me suis résignée à mon sort
A rien ne peut plus servir mon corps sacrifié
J'ai essayé de répondre à votre ardente fidélité
Accepté pour la forme de jouer ce rôle d'épouse
En moi-même j'éprouve la plus grande honte
Car c'est déjà montrer beaucoup d'effronterie
Si nous nous en tenons aux apparences de la tendresse
Passe encore, en face j'oserai regarder les gens

"Lại như những thói người ta,
"Vớt hương dưới đất bẻ hoa cuối mùa.
"Khéo là giở nhuốc bày trò,
"Còn tình đâu nữa là thù đấy thôi!
"Người yêu, ta xấu với người,
"Yêu nhau thì lại bằng mười phụ nhau!
"Cửa nhà dù tính về sau,
"Thì còn em đó lọ cầu chị đây!
"Chữ trinh còn một chút này,
"Chẳng cầm cho vững lại giày cho tan!
"Còn nhiều ân ái chan chan,
"Hay gì vầy cánh hoa tàn mà chơi?"
Chàng rằng: "Gắn bó một lời,
"Bỗng không cá nước chim trời lỡ nhau.
"Xót người lưu lạc bấy lâu,
"Tưởng thề thốt nặng cũng đau đớn nhiều!
"Thương nhau sinh tử đã liều,
"Gặp nhau còn chút bấy nhiêu là tình.
"Chừng xuân tơ liễu còn xanh,
"Nghĩ rằng chưa thoát khỏi vành ái ân.

Mais si, suivant les inclinations du commun
Vous alliez jusqu'à ramasser le parfum jeté à terre
Cueillir la fleur en fin de saison, hélas
Quel spectacle indécent nous donnerions au monde
Ce ne serait plus de l'amour, mais de la haine
Vous m'aimez, mais si je vous aime dans la honte
L'amour serait dix fois pire que la trahison
Si vous vous souciez de l'avenir de la famille
Ma jeune sœur est là, pouquoi recourir à l'aînée
Il me reste encore ce brin de pureté
Que je le sauvegarde, au lieu de le piétiner
Nos cœurs débordent toujours de tendresse et d'amour
Quel plaisir y a-t-il à caresser une fleur flétrie ?
Kim lui dit : Nous fûmes liés par notre parole
Mais soudain comme des poissons perdus dans l'océan
Des oiseaux sous le vaste Ciel nous fûmes séparés
Combien j'ai souffert de votre long exil !
J'ai pensé que plus lourd était le serment
Plus grandes les souffrances que vous aviez endurées
A la vie, à la mort, nous nous sommes aimés
Nous retrouvant, j'ai voulu rester fidèle à mon amour
J'ai cru qu'en son printemps, le saule gardant sa verdeur
Ne peut se libérer du cercle des tendresses

"Gương trong chẳng chút bụi trần,
"Một lời quyết hẳn muôn phần kính thêm!
"Bấy lâu đáy bể mò kim,
"Là nhiều vàng đá phải tìm trăng hoa?
"Ai ngờ lại họp một nhà,
"Lọ là chăn gối mới ra sắt cầm!"
Nghe lời, sửa áo cài trâm,
Khấu đầu lạy tạ cao thâm nghìn trùng:
"Thân tàn, gạn đục khơi trong.
"Là nhờ quân tử khác lòng người ta.
"Mấy lời tâm phúc ruột rà,
"Tương tri dường ấy mới là tương tri!
"Chở che đùm bọc thiếu gì?
"Trăm năm danh tiết cũng vì đêm nay!"
Thoắt thôi tay lại cầm tay,
Càng yêu vì nết càng say vì tình.
Thêm nến giá nối hương bình,
Cùng nhau lại chuốc chén quỳnh giao hoan.

Mais limpide est le miroir, pur de toute poussière

Je respecte votre décision, et mon estime s'en trouve mille fois accrue

J'ai longtemps sondé les mers, cherchant l'aiguille perdue

Par fidélité, et non pour de frivoles plaisirs

Mieux que je ne l'avais espéré, nous voici réunis

Point n'est besoin de partager le même oreiller

Pour s'accorder ensemble comme harpe et guitare

A ces mots, elle rajusta vêtement et cheveux

Se prosterna, le remerciant hautement, disant

Ce corps flétri s'il peut être lavé de ses souillures

Renaître pur, c'est grâce à vous, noble ami

Ces paroles sorties de vos entrailles me touchent jusqu'aux entrailles

Vous m'avez comprise, comme nul ne peut me comprendre

Une plus généreuse protection, vous ne sauriez m'offrir

L'honneur de toute ma vie tient à cette nuit

De nouveau ils furent les mains dans les mains

L'aimant pour ses vertus, davantage il s'enivrait de son amour

Le chandelier et le brûle-parfum furent regarnis

Ils burent de nouvelles coupes à leur bonheur

Tình xưa lai láng khôn hàn,
Thong dong lại hỏi ngón đàn ngày xưa.
Nàng rằng: "Vì mấy đường tơ,
"Lầm người cho đến bây giờ mới thôi!
"Ăn năn thì sự đã rồi!
"Nể lòng người cũ vâng lời một phen".
Phím đàn dìu dặt tay tiên,
Khói trầm cao thấp tiếng huyền gần xa.
Khúc đâu đầm ấm dương hòa,
ẤY là hồ điệp hay là Trang sinh.
Khúc đâu êm ái xuân tình,
Ấy hồn Thục đế hay mình đỗ quyên?
Trong sao châu nhỏ duềnh quyên,
Ấm sao hạt ngọc Lam-điền mới đông!
Lọt tai nghe suốt năm cung,
Tiếng nào là chẳng não nùng xôn xao.
Chàng rằng: "Phổ ấy tay nào?
"Xưa sao sầu thảm nay sao vui vầy?

L'amour d'antan s'épanchait inextinguible

Il lui demanda de rejouer les airs que naguère elle aimait

Kiều dit : Les malheurs dont aujourd'hui je vois le terme

C'est bien à ces cordes de soie que je les dois

Il est bien tard pour le regretter; encore une fois j'obéis

Pour rendre hommage à l'homme de mon printemps

Les touches se mirent à palpiter sous ses doigts de fée

En volutes la fumée de l'encens montait, s'abaissait

Proches et lointains, s'élevaient les sons de la guitare

Quels morceaux doux et chauds comme un rayon de soleil

Serait-ce un papillon, ou Maître Trang qui allait rêvant[53]

Quel est cet air caressant, plein d'un amour printanier

Serait-ce l'âme du roi Thục, ou l'oiseau quyên *chantant sa litanie ?*[54]

Notes argentines, perles tombant dans l'eau où la lune se mirait

Sons chauds, tels des gouttes de jade à peine cristallisées

Toute la gamme des cinq sons se déployait

Et nul accent qui ne fût vibrant, à bouleverser le cœur

Kim dit : C'est la même main, mais on dirait une autre musique

Jadis si triste, aujourd'hui débordante de joie

"Tẻ vui bởi tại lòng này,
"Hay là khổ tận đến ngày cam lai?"
Nàng rằng: "Vì chút nghề chơi,
"Đoạn trường tiếng ấy hại người bấy lâu!
"Một phen tri kỷ cùng nhau,
"Cuốn dây từ đấy về sau cũng chừa".
Chuyện trò chưa cạn tóc tơ,
Gà đã gáy sáng trời vừa rạng đông.
Tình riêng, chàng lại nói sòng,
Một nhà ai cũng lạ lùng khen lao.
Cho hay thục nữ chí cao,
Phải người sớm mận tối đào như ai?
Hai tình vẹn vẻ hòa hai,
Chẳng trong chăn gối cũng ngoài cầm thơ.
Khi chén rượu khi cuộc cờ,
Khi xem hoa nở khi chờ trăng lên.
Ba sinh đã phỉ mười nguyền,
Duyên đôi lứa cũng là duyên bạn bầy.

Au fond, tristesse et joie viennent de notre cœur
Le temps du malheur sans doute prend fin
Et commencent maintenant les jours de douceur
Longtemps, répondit-elle, par ce simple divertissement
Combien d'infortunes ces airs tragiques m'ont-ils valu ?
Pour vous, une dernière fois la guitare aura joué
Et pour toujours, j'en remiserai les cordes
Leurs confidences à peine épuisées, voici un coq annonçant l'aurore
Kim relata à tous leurs entretiens de la nuit
La famille étonnée se répandit en louanges
Elle est femme noble et vertueuse, point de ces gens
Qui, butinant parmi pêchers et pruniers courent après le plaisir
Amour, amitié leurs cœurs en étaient pleins
Ils ne partageaient ni le même lit, ni le même oreiller
Leurs cœurs communiaient à goûter musique et poésie
À boire une coupe de vin, disputer une partie d'échecs
A attendre de voir s'ouvrir les fleurs, se lever sa lune
Leurs vœux des vies antérieures étaient exaucés
Ce couple d'époux était un couple d'amis

Nhớ lời, lập một am mây,
Khiến người thân tín rước thầy Giác Duyên.
Đến nơi, đóng cửa cài then,
Rêu trùm kẽ ngạch cỏ lên mái nhà.
Sư đà hái thuốc phương xa,
Mây bay hạc lánh biết là tìm đâu?
Nặng vì chút nghĩa bấy lâu,
Trên am cứ giữ hương dầu hôm mai.
Một nhà phúc lộc gồm hai,
Nghìn năm dằng dặc quan giai lần lần.
Thừa gia chẳng hết nàng Vân,
Một cây cù mộc một sân quế hòe.
Phong lưu phú quí ai bì,
Vườn xuân một cửa để bia muôn đời.

*

Ngẫm hay muôn sự tại trời,
Trời kia đã bắt làm người có thân,

Tenant parole, ils bâtirent un temple au sein des nuages
Des gens furent envoyés chercher Giác Duyên
Ils trouvèrent portes fermées, verrous tirés
La mousse avait couvert les fentes des cloisons
L'herbe montait déjà à hauteur de toit
La bonzesse, dit-on, était partie herboriser au loin
Où trouver le héron envolé, le nuage vagabond ?
En souvenir de ses bienfaits, matin et soir
Kiều montait au temple entretenir le feu et l'encens
La famille vivait dans la richesse et le bonheur
D'année en année, les hommes gravissaient la carrière mandarinale
Vân faisait honneur à ses devoirs, perpétuant la lignée
L'arbre grandissait, la cour familiale se couvrait de multiples rameaux
Qui pouvait égaler leur gloire et magnificence
Dont le renom, tel le parfum d'un jardin printanier
Longtemps après, embaumait toujours, pour les âges à venir

*

A bien réfléchir, tout dépend de la volonté du Ciel
A chaque créature humaine, il assigne sa condition

Bắt phong trần phải phong trần,
Cho thanh cao mới được phần thanh cao.
Có đâu thiên vị người nào,
Chữ tài *chữ* mệnh *dồi dào cả hai.*
Có tài mà cậy chi tài,
Chữ tài *liền với chữ* tai *một vần.*
Đã mang lấy nghiệp vào thân,
Cũng đừng trách lẫn trời gần, trời xa.
Thiện căn ở tại lòng ta,
Chữ tâm *kia mới bằng ba chữ* tài.

*

Lời quê chắp nhặt dông dài,
Mua vui cũng được một vài trống canh.

Nous voue-t-il à rouler dans le vent et la poussière

Notre existence traînera dans la poussière et le vent

Nous accorde-t-il d'être noble et pur

Nous aurons en partage noblesse et pureté

De faveur, il n'en réserve à personne

Privilégiant à la fois talent et destinée

De son talent, que nul n'en tire orgueil

Le malheur suit le talent comme son ombre

Chacun traîne avec lui son karma

N'accusons pas le Ciel de ses caprices

La racine du Bien réside en notre cœur

Ce Cœur qui vaut bien plus que le Talent

*

Au petit bonheur, j'ai arrangé ces rustiques paroles

Puissent-elles vous divertir, au long de vos veillées

NOTES

1- *Dans les pays d'Extrême-Orient, les fleuves et les mers connaissent souvent des crues, alluvionnements, changements de cours, raz de marée, qui font que les eaux envahissent souvent la terre ferme, ou que des terres exondées apparaissent là où grondaient les eaux. L'image de la mer envahissant les champs de mûrier, ou des champs de mûrier apparaissant là où grondait l'océan est employée pour évoquer les transformations, les changements profonds survenus dans la nature ou la vie des hommes, auxquels on assiste souvent impuissant.*

2- *Nguyễn Du a emprunté le thème du* Kiều *à un roman chinois. Le règne Gia Tĩnh dynastie des Minh (Ming) se situe au XVIe siècle. Les deux capitales étaient celles du Nord (Pékin) et du Sud (Nanking).*

3- *Guitare Hồ appelée aussi* tỳ bà.

4- *Karma. Voir page 25.*

5- *Un jeune homme avait trouvé dans un ruisseau une feuille pourpre avec un poème. Il prit une autre feuille, y grava quelques vers en réponse, et la jeta dans le ruisseau. Entraînée par le courant cette feuille tomba entre les mains d'une jeune femme du harem impérial qui se trouvait être l'auteur du poème inscrit sur la feuille pourpre que le jeune homme avait trouvée. Quelque temps plus tard, la jeune femme libérée du harem rencontra le jeune homme et l'épousa.*

L'oiseau d'azur est messager d'amour.

6- *Lãm Thúy : contemplation de l'azur. Le mot* Thúy *est aussi une particule du nom de Kiều (Thúy Kiều)*

7- *Hợp Phố : contrée côtière riche en perles. Les huîtres perlières disparaissaient quand le gouverneur était rapace, réapparaissaient sous une administration honnête.*

8- *Un jeune homme avait donné rendez-vous à son amante sous un pont. L'amante ne venant pas, il l'avait attendue obstinément, appuyé à un pilier du pont, jusqu'à ce que la marée vint l'engloutir.*

9- *Allusion à un poème chinois ancien :*

L'on évoque la profondeur du fleuve Tương
Il est bien moins profond que notre amour
Vous êtes à l'amont, ô mon bien aimé, je suis à l'aval

Nous pensons chacun à l'autre sans nous voir
Tous deux au même fleuve nous buvons.

10- Sur le pont Lam, un jeune homme avait demandé la main d'une jeune fille; la mère de celle-ci exigea du prétendant qu'il lui remit un pilon qui irait avec un mortier en jade qu'elle possédait. Une fée donna au jeune homme le pilon en jade demandé, et les deux jeunes gens avaient pu se marier.

11- Bá Nha, grand-ami de Chung Tử Kỳ, jouait à la guitare en pensant aux montagnes. Ecoutant cette musique Chung Tử Kỳ disait: "C'est majestueux comme de hautes montagnes". Bá Nha pensa ensuite à un grand fleuve. Chung Tử Kỳ dit: "La musique coule comme un grand fleuve". Quand Chung Tử Kỳ mourut, son ami brisa sa guitare, jurant de ne plus jamais jouer de la musique, car il n'y avait plus personne pour le comprendre.

12- Deux royaumes de la Chine antique qui se livraient une guerre à mort.

13- Tư Mã, musicien célèbre qui avait conquis le cœur de la belle Trác Văn Quân en jouant le morceau "Phénix amoureux".

14- Kê Khang : compositeur ancien.

15- Chiêu Quân avait été offerte en tribut au roi des Barbares. Le morceau de musique qui déplore son malheur est intitulé "Passage de la frontière".

16- L'épouse légitime qui a charge de gérer les biens de la famille porte par économie des vêtements faits d'étoffe grossière et ne dilapide pas l'argent en s'habillant luxueusement.

17- Trương et Thôi s'étaient aimés sous le toit de la pagode Phổ cựu, mais leur liaison avait duré juste un mois.

18- A Tạ Côn qui lui contait fleurette, une jeune fille qui tissait, lui jeta sa navette en pleine figure.

19- L'empereur Hán Vũ Đế avait donné l'ordre à sa fille de lancer du haut d'une tour une balle sur tous ses prétendants massés en bas; celui qui réussissait à s'emparer de la balle était agréé.

20- Oanh avait adressé à l'Empereur une supplique demandant qu'elle fût châtiée à la place de son père.

Lý s'était vendue pour sauver son père.

21- Maison de joie.

22- Une femme vendait de la sciure de bois, affirmant que c'était du son, à un autre escroc qui lui avait passé des courgettes amères, en prétendant qu'il s'agissait de concombres.

23- Allusion au père.

24- En décomposant les deux idéogrammes Tích Việt, on obtient : le 21e jour, s'enfuir à l'heure Tuất

25- Hằng Nga, dame solitaire, règne sur la lune; ici veut dire l'épouse légitime.

26- Quand on a trempé la main dans la teinture d'indigo, il est bien difficile de l'enlever.

27- Dynastie impériale chinoise (du 7e au 10e siècle) sous laquelle la poésie chinoise avait atteint son apogée (Tang).

28- Voir note 25.

29- Déesse bouddhique de la Miséricorde.

30- L'arbre de l'Illumination et le lotus de la connaissance dans la terminologie bouddhique.

31- Trois règles : le Bouddha, la Loi et la Communauté; les 5 interdictions : tuer, voler, avoir des rapports sexuels, mentir, boire de l'alcool.

32- La forêt de la sagesse bouddhique.

33- Quan Âm, bouddha de miséricorde, avec un rameau de saule, répand de l'eau bénite sur le monde.

34- Mourir sans laisser de descendance mâle était un des manquements les plus graves à la piété filiale. Thúc aurait voulu braver tous les dangers par amour pour Kiều, mais il ne pouvait les faire, n'ayant pas encore de fils.

35- Calligraphe réputé.

36- Un homme avait le pouvoir de ne laisser paraître que le blanc de ses yeux quand il recevait un hôte qui ne lui plaisait pas. Quand l'hôte est agréé, ses yeux virent au bleu.

37- Bình Nguyên Quân avait beaucoup d'amis et de clients (au sens antique du mot) et il savait recevoir largement ses amis et reconnaître la qualité des hommes qui l'approchaient.

38- L'image est employée pour désigner l'accession d'un homme au pouvoir suprême, au trône.

39- La fortune et le rang des seigneurs féodaux de l'antiquité se mesuraient au nombre de chars et de boisseaux de riz qu'ils possédaient.

40- Quand on brise une tige de lotus, il reste toujours des fils très ténus qui unissent les deux bouts.

41- La mère Phiếu avait donné un bol de riz à Hàn Tín, acculé à la pire détresse. Plus tard Hàn Tín parvenu au faîte des honneurs avait offert à sa bienfaitrice mille taëls d'or.

42- Chef d'une grande rébellion sous les Đường (Tang).

43- Veuve remariée de force, mais inconsolable a écrit :
Pour connaître mon cœur brisé
Voyez les cordes rompues de cette guitare

44- En arrêtant la guerre qui faisait rage.

45- Mã Giám Sinh pour égarer les recherches s'était déclaré homme de Lâm Thanh, mais avait conduit Kiều à Lâm Tri.

46- Les lauréats des concours mandarinaux avaient droit à une visite au jardin impérial.

47- Un grand mandarin intègre et bon administrateur de la dynastie des Tống (Song) avait toujours avec lui un héron et une guitare; l'oiseau et la guitare sont devenus les symboles d'un bon mandarin faisant régner la paix dans son district.

48- *Oiseau maritime qui passe son temps à jeter des cailloux dans l'océan pour essayer de le combler. La légende dit que les personnes qui meurent inconsolées se transforment en* Tinh Vệ.

49- *Un roi avait fait apposer des fleurs de lotus en or sur le plancher des appartements de sa favorite. Chaque fois qu'elle marchait, le roi s'exclamait : des lotus d'or naissent sous vos pas.*

50- *Voir note 16.*

51- *Les époux s'accordent ensemble comme harpe et guitare; Kiều propose à Kim de rester amis, et de ne pas se condidérer comme des époux.*

52- *Tiêu avait une concubine qui lui avait été ravie par un mandarin; il avait écrit ces vers :*

Profonde comme l'océan est la demeure du mandarin

Ce pauvre Tiêu, désormais, ne sera plus qu'un passant ?

53- *Le philosophe Trang (Tchoang-tseu) avait rêvé qu'il était devenu papillon. A son réveil, il se demandait toujours s'il était homme ou papillon.*

54- *Le roi Thục ayant perdu son trône, s'était mué en un oiseau* quyên *qui ne cesse de crier son infortune.*

TABLE DES MATIÈRES

Collection Recherches Asiatiques
dirigée par Alain Forest

Dernières parutions

Marie-France LATRONCHE, *L'influence de Gandhi en France*, 1999.
Julien BERJEAUT, *Chinois à Calcutta*, 1999.
Olivier GUILLARD, *Désarmement, coopération et sécurité régionale en Asie du Sud*, 1999.
NGUYÊN THÊ ANH, YOSHIAKI ISHIZAWA (eds), *Commerce et Navigation en Asie du Sud-Est (XIVe-XIXe siècles)*, 1999.
Pierre SINGARAVÉLOU, *L'École française d'Extrême-Orient ou l'institution des marges (1898-1956)*, 1999.

663402 - Juillet 2016
Achevé d'imprimer par

1livre.com
du rêve à la réalité !

Made in United States
Orlando, FL
04 November 2026

90201138R30227